HEYNE BÜCHER

SACHBUCH

Ludger Fertmann

Björn Engholm

Ein Portrait

Originalausgabe

WILHELM HEYNE VERLAG
MÜNCHEN

HEYNE SACHBUCH
Nr. 19/509

Herausgeber: Bernhard Michalowski
Redaktion: Jochen Spiering

Eine Transmitter-Produktion

Printed in Germany 1991
Umschlagfoto: Rainer Unkel/action press, Hamburg
Umschlaggestaltung: Atelier Adolf Bachmann, Reischach
Herstellung: Dieter Lidl
Satz: Satz & Repro Grieb, München
Druck und Verarbeitung: Pressedruck, Augsburg

ISBN 3-453-05206-4

Inhalt

(action press/6)

Steckbrief

Vorname:	Björn
Name:	Engholm
Geboren:	9. November 1939
Geburtsort:	Lübeck
Sternzeichen:	Skorpion
Größe:	1,84 m
Gewicht:	79 kg
Augenfarbe:	blau
Religion:	evangelisch
Partei:	SPD
Gewerkschaft:	IG Druck und Papier
Ausbildung:	Schriftsetzer, Diplom-Politologe (Zweiter Bildungsweg)
Familienstand:	verheiratet seit 1965 mit Barbara, Malerin und Nichte der Tänzerin Gret Palucca
Kinder:	Kerstin (geb. 1966) und Britt (geb. 1969)
Beruf:	Ministerpräsident von Schleswig-Holstein
Monatseinkommen:	17000 Mark
Traumberuf als Kind:	»Lokführer, als es noch Dampfloks gab«
Haustier:	nein
Sport:	unbekannt
Vorliebe:	trockene französische Weine, gutes Essen
Hobbies:	Moderne Kunst, Kriminalromane
Fehler:	»Ungeduld, zuviel Nachsicht, oft zu große Freundlichkeit«
Laster:	Pfeife rauchen

Wie man ihn kennt
Björn Engholm - immer adrett und Pfeife rauchend. (dpa)

LUDGER FERTMANN

DER LÜBECKER

(Teil I)

Die folgende Geschichte über Björn Engholm ist so treffend, daß sie wie erfunden wirkt. Aber sie ist wahr. Denn er hat 1983 wirklich stattgefunden, der Auftritt des Wahlkämpfers Björn Engholm. Da trat er erstmals an, um Ministerpräsident von Schleswig-Holstein zu werden, machte Wahlkampf auf dem flachen Land: ein Dorfgemeinschaftshaus, eine eifrige Bedienung, die sich nach dem Getränkewunsch des hohen Gastes erkundigt. Doch der ist mit seinen Gedanken in diesem Moment irgendwo, nur nicht in Schleswig-Holstein, schaut freundlich hoch und verlangt, »einen trockenen französischen Weißwein, vielleicht Chablis?« Die Auswahl besteht zwar traditionsgemäß aus weißem oder rotem Landwein, getrunken wird aber vorzugsweise Bier und Korn.

Engholm ist Lübecker und das erklärt vieles. Die Stadt, bis dahin Freie und Hansestadt, ist erst 1937 der preußischen Provinz Schleswig-Holstein zugeschlagen worden, und die Hanseaten haben sich über mehr als ein halbes Jahrhundert ein ausgeprägtes Gefühl hinübergerettet, etwas besonderes zu sein. Nur der Lübecker Engholm konnte auf die Idee kommen, in seiner Eigenschaft als Ministerpräsident des Landes, öffentlich in einer Festrede ausgerechnet dem Heimatbund unter die Nase zu reiben, daß es die »Identität« der Schleswig-Holsteiner gar nicht gebe, sondern die Dithmarscher, die Angelner, die friesische oder holsteinische Identität. Daß diese Identität in besonderer Weise und Ausprägung auch dem Lübecker zu eigen ist, war Engholm dabei so selbstverständlich, daß er es nicht einmal erwähnen mußte. Zumal es die lokalen Spitzengenossen in Lübeck seit Jahren vorführen. Die Schmähvokabel vom »Schöner-Wohnen-Sozialismus« ist nicht zufällig von den Medien über Lübeck geprägt worden.

Sicherlich, es gibt noch andere Politiker, die Kunstausstellungen besuchen oder gern guten Wein trinken, die sich einen eigenen Weinberg zulegen oder mit Schriftstellern essen gehen oder italienische Mode bevorzugen und/oder im Dienstwagen Mozart hören. Aber es gibt nur einen, der so viele bürgerliche Vorlieben unter einen Hut bringt, sie völlig ungeniert auslebt und dann auch noch das Kunststück fertigbringt, daß er der Bevölkerung nicht als ›spinnert‹ oder abgehoben gilt, sondern ganz im Gegenteil als aufrechter Sozialdemokrat.

Der Sozialdemokrat

Den ersten Wahlkampf als Herausforderer des schleswig-holsteinischen Ministerpräsidenten Uwe Barschel bestritt Engholm 1983 mit dem wenig plakativen, weil eigentlich viel zu langen Slogan »Stell Dir vor, es gibt eine Regierung, die hört Dir zu«. Und wenn es auch nicht im ersten Anlauf zum Regierungswechsel reichte, die SPD erzielte ihr bislang bestes Ergebnis auf Landesebene.

Dieser erste richtige Wahlkampf in eigener Sache unterschied sich bereits deutlich vom üblichen sozialdemokratischen Strickmuster. Künstlerfreunde des ehemaligen Bundesbildungsministers überschwemmten das Land zwischen den Meeren, der Wahlkampf splittete sich auf. Statt der üblichen großen Frontalveranstaltungen mit Ankunft und Verabschiedung des Spitzenmannes gab es Talk-Veranstaltungen, Bilderversteigerungen, Kleinkunst, Jazz, Lesungen.

Für beinahe jeden Job im politischen Umfeld ist Engholm seither im Gespräch gewesen. Ministerpräsident von Schleswig-Holstein ist er, Bundespräsident wäre er wohl ganz gern geworden, Kanzlerkandidat hätte er werden können. Aber es fehlte nichts außer dem jetzt Wesentlichen, dem Bundesvorsitz der Sozialdemokratischen Partei Deutschlands, der SPD. Er selbst bezeichnet die Position als »große Ehre«, die man nicht ablehnen könne. Allerdings: er wird Vorsitzender einer

Partei, an deren Meinungsbildung er zumindest in den vergangenen zehn Jahren merkwürdig wenig Interesse gezeigt hat. Er hat Parteitage auf Landes- wie Bundesebene eher uninteressiert abgesessen als beeinflußt. An Engagement am Rednerpult kann er sich bezeichnenderweise selbst nur zu den Themen Medien- und Frauenpolitik erinnern. Da aber, reklamiert er für sich, habe er durchaus strittig diskutiert.

Solche Enthaltsamkeit bei der Meinungsbildung der eigenen Partei, in der er immerhin eine beinahe einmalig rasche und weitreichende Karriere gemacht hat, gilt auch für die Landespartei, in der er groß wurde oder besser: gemacht worden ist. Die SPD Schleswig-Holstein ist kein Landesverband der SPD im üblichen Sinne. Auf Landesebene heute 40000 Mitglieder stark, ist der Verein nicht einmal annähernd halb so groß wie der Unterbezirk Westliches Westfalen der Sozialdemokratischen Partei. In einem so kleinen Landesverband haben alle, die heute Verantwortung tragen und an den Strippen ziehen, schon vor 20 oder 30 Jahren miteinander gestritten und miteinander gekämpft und sind dennoch heute gerade mal 50 Jahre alt. Man kennt sich über das in größeren Strukturen Übliche hinaus. Unter dem politischen wie moralischen Rigoristen Jochen Steffen als Landesvorsitzenden entwickelte sich die Landespartei in den siebziger Jahren aus der Sicht des Restes der Republik zum unberechenbaren Haufen und aus der Innensicht zum linken, antreibenden Flügel der Bundespartei.

Unter Steffens Nachfolger Günther Jansen, zuvor Bürgermeister der kleinen Gemeinde Süsel, machte die SPD Schleswig-Holstein dem eigenen Bundeskanzler Helmut Schmidt, im Rahmen des Möglichen, die Sache schwer. Abkehr von der Nutzung der Kernenergie, Ablehnung des NATO-Doppelbeschlusses; Schmidt beschwerte sich einmal halb amüsiert, halb resigniert, der US-Präsident wie die englische Premierministerin hörten auf seinen Rat, nur »der Bürgermeister von Tütel« trete ihm regelmäßig vors Schienbein. Mitglied dieser Landespartei, aber zugleich seit 1977 auch als Parlamentarischer

Staatssekretär und dann als Bundesbildungsminister am Bonner Kabinettstisch von Schmidt: Björn Engholm. Auf Landesparteitagen vertrat er pflichtgemäß eine gemäßigte Regierungslinie, vermied allerdings die offene Konfrontation. Die Distanz zur Partei hat jetzt schon, auf Landes- wie Bundesebene, ein Ritual: Engholm kommt demonstrativ verspätet, es bildet sich um ihn eine Menschentraube. Engholm redet viel, aber nicht am Pult, sondern irgendwo in den hinteren Reihen oder den berühmten Wandelgängen. Wie im Fernsehen, wo er als eloquenter Talk-Gast besonders geschätzt wird, geht und steht und sitzt er immer in Reichweite seiner Pfeifentasche und hat eine unnachahmliche Art entwickelt, den Rauch immer wieder mit einer lässigen Handbewegung hinter den eigenen Rücken zu schaufeln.

Programmatisch also bestimmt kein Vorreiter der Landesparteilinie, lief dennoch die erste Kandidatur für das Amt des Ministerpräsidenten beinahe automatisch auf ihn zu. Grundlage dafür, daß ein Abgleich der Meinung des Hoffnungsträgers mit den politischen Wertigkeiten der Partei nie ernsthaft erfolgte, war das SPD-Trauma des Jahres 1979. Da hatten Sozialdemokraten und Freie Demokraten weniger als tausend Stimmen bei knapp zwei Millionen Wahlberechtigten gefehlt, um den damaligen CDU-Ministerpräsidenten Gerhard Stoltenberg zu stürzen. Da Klaus Matthiesen wegen Differenzen mit Kanzler Schmidt für eine erneute Kandidatur nicht zur Verfügung stand, setzte die Partei praktisch diskussionslos auf den Mann, der über den eigenen klassischen Wählerstamm hinaus die entscheidenden Stimmen holen konnte. Nach Spitzenkandidaten wie Lauritz Lauritzen, Jochen Steffen und Klaus Matthiesen trat nun ein Mann an, dessen Sprache und Kleidung, dessen Temperament und Lebensart erstmals so gar keinen schleswig-holstein-typischen Zuschnitt hatten.

Der Wahlkampf 1983, gewählt wurde am 13. März und damit nur eine Woche nach der Bundestagswahl, unterschied sich aber auch in einem anderen Punkt deutlich von früheren Auseinandersetzungen. Die beiden Spitzenkandidaten Björn

Umschwärmt von Frauen
Der frisch gebackene Parlamentarische Staatssekretär im Bundesbildungsministerium, umgeben von seinen Mitarbeiterinnen (1977). (dpa)

Engholm und Uwe Barschel waren beide Anfang 40, hatten beide in ihrer politischen Karriere schon mehrfach das Etikett des Senkrechtstarters, des jeweils jüngsten in politischen Ämtern verpaßt bekommen. So ähnlich die Etiketten, so unterschiedlich die Typen, die Ausstrahlung. Barschel amtierte seit November 1982 als Nachfolger von Stoltenberg in der Kieler Staatskanzlei, setzte auf Sachkompetenz. In Kiel nannten sie ihn wegen seines Fleißes und seiner beiden Doktortitel Uwe-Uwe, aber das war auch bereits der Höhepunkt einer lockeren Selbstdarstellung.

Der Oppositionsführer

Es kam dann doch nicht zur Wachablösung in Kiel, aber die SPD erreichte ihr bis dahin bestes Ergebnis bei einer Landtagswahl. Und Engholm, der nach der Wahl als Oppositionsführer an die Kieler Förde wechselte, steigerte im Laufe der Legislaturperiode seine Popularitätswerte immer weiter.

Und Opposition machte er auch deutlich anders als seine Vorgänger. Beinahe spielerisch stahl er als Redner im Landtag allen anderen die Schau, in der Fraktion gab es Kunstausstellungen, für die Genossen auf dem platten Land das Angebot einer neuen Gesprächskultur. Was er im 83er Wahlkampf bereits einmal praktiziert hatte, baute er nun noch aus: Er besetzt für seine Partei und für sich persönlich das Frauenthema. Aber man merkte ihm in dieser Zeit auch an, daß er sich arg in die Provinz verbannt fühlte. Am Rednerpult des Landtages bejammerte er mehrfach, wie hilflos doch eigentlich die Opposition der Regierungsfraktion und der dahinter stehenden Ministerialbürokratie ausgeliefert wäre. Was die Genossen in Schleswig-Holstein als tägliches Brot seit 35 Jahren aßen, harte, zuweilen frustrierend wirkungslose Oppositionsarbeit zu machen, erfuhr Engholm nun erstmals.

1969 in den Bundestag gewählt, hatte er dort ununterbrochen auf der »richtigen«, der Regierungsseite gesessen und gelernt, sich der Bürokratie zu bedienen. Vierzehn Jahre Bundestag bedeuten eben auch ein Stück weit Entfremdung von Schleswig-Holstein. Die er allerdings in der Außenwirkung nahtlos überbrückt: Uwe Barschel, von Gerhard Stoltenberg, bei dessen Wechsel als Bundesfinanzminister nach Bonn, 1982 als Nachfolger vorgeschlagen und gewählt, wird nervös. Diese Nervosität ist nicht das Problem eines einzelnen Mannes sondern erfaßt den ganzen Apparat, wobei es nach 38

Jahren ununterbrochener CDU-Herrschaft in Kiel sachlich kaum noch möglich ist, den CDU-Partei- und Regierungsapparat auseinanderzuhalten.

Nach fast vier Jahrzehnten wird Engholm zur Symbol- und Integrationsfigur, die der SPD die Chance gibt, eine Wachablösung herbeizuführen. Dabei ist Engholm nur das Tüpfelchen einer sich ändernden Gesellschaft. Wahlforscher weisen bereits vor 1987 darauf hin, daß die über Jahrzehnte festgefügte Gesellschaft zwischen Nord- und Ostsee sich nachhaltig ändert. Die Landwirtschaft verliert an Bedeutung, zudem lösen sich im ausgeprägt protestantischen Norden die alten Dorfstrukturen deutlich schneller auf als etwa in ländlichen katholischen Gebieten. Das platte Land aber garantierte über Jahrzehnte mit überdurchschnittlich hohen Stimmanteilen der CDU die Macht.

Die CDU, nicht nur ihr Ministerpräsident Uwe Barschel, spitzt all ihre Ängste auf die Person des Herausforderers zu. Bereits 1986 erstellt der Generalsekretär der christdemokratischen Landespartei, Rolf Rüdiger Reichhardt, ein Strategiepapier für die Landtagswahl im Herbst 1987. Der Berufsoffizier, vom immer noch amtierenden Landesvorsitzenden Gerhard Stoltenberg nach Kiel geholt und von der Bundeswehr nur beurlaubt, formuliert und fordert den Angriff auf die Person des Herausforderers. Es müsse versucht werden, Björn Engholm »in seiner Glaubwürdigkeit zu treffen, seine Glaubwürdigkeit zu erschüttern«.

Björn Engholm ist tatsächlich empfindlich und daher verwundbar. Und er ist vorgeprägt: 1983 bei der ersten Kandidatur um das Amt des Ministerpräsidenten sind bereits schlechte Schulzensuren der Tochter in der Boulevard-Presse breitgetreten worden mit der Tendenz, ohne den prominenten Vater hätte die Versetzung bestimmt nicht geklappt. Und schon vor den *Spiegel*-Veröffentlichungen über »Barschels schmutzige Tricks« ist die Auseinandersetzung vor dem Wahlsonntag, dem 13. September 1987 auch öffentlich mit Haken und Ösen geführt worden. Die SPD, so titelt die CDU-Wahlkampfzeitung, wolle Sex mit Kindern, weil eine Arbeitsgruppe der Arbeitsgemeinschaft Sozialdemokratischer Juristen weitgehende Reformvorschläge für das Sexualstrafrecht vorgelegt hat. Hier wie in anderen Punkten wehrt sich die SPD mit Einstweiligen Verfügungen gegen die Unterstellungen in dem CDU-Blatt, bei dem der Medienreferent der Staatskanzlei, Reiner Pfeiffer, als Chef vom Dienst fungiert. Praktisch mit dem Wahltag kommt dann die richtige Affäre ans Tageslicht, die nahtlos in die von der CDU-Landespartei formulierte Stoßrichtung hineinpaßt, Engholm müsse in seiner persönlichen Integrität getroffen werden. AIDS-Vorwurf, anonyme Steueranzeige, Wanzen-Beschaffung: die Kieler Affäre entpuppt sich aus der Distanz von mehr als drei Jahren als Schmierenstück von Leuten, die völlig auf eine Person und den Erhalt der eigenen Macht fixiert waren.

Der Politiker

Zweimal sagt Engholm vor dem Untersuchungsausschuß aus, und es wird klar, daß er vor der Wahl über Monate durch die Aktivitäten aus der Staatskanzlei unter kaum vorstellbaren Druck gesetzt worden ist. Gesprächsweise auf der Straße erfährt er von der gegen ihn gestellten anonymen Steueranzeige und von der Bespitzelung durch Detektive. Die Polizei weiß zu diesem Zeitpunkt, welches Detektivbüro hinter der Beschattung steckt, verweigert dem Oppositionsführer im schleswig-holsteinischen Landtag allerdings die Auskunft. Bereits im Februar hat er zudem zwei Anrufe von Reiner Pfeiffer in seiner Lübecker Privatwohnung gehabt. Pfeiffer gab sich als Dr. Wagner aus und teilte Engholm mit, er sei möglicherweise an einer tödlichen Krankheit erkrankt. Er, Wagner, habe eine AIDS-infizierte Person in seiner Praxis, die ausgesagt habe, mit Engholm Kontakt gehabt zu haben.

In seiner zusammenfassenden Würdigung stellt der Untersuchungsausschuß dazu später fest: »Von den gegen den Oppositionsführer gerichteten Aktivitäten hält der Ausschuß

Nachdenklich
Björn Engholm im Oktober 1987
vor dem Untersuchungssausschuß zur Aufklärung
der Barschel/Pfeiffer-Affäre. (dpa)

Schmusewahlkampf
Björn Engholm und der Barschel-Nachfolger Heiko Hoffmann zeigen sich während des gesamten Wahlkampfes (1988) freundschaftlich. (dpa)

die AIDS-Verdächtigungen gegen Björn Engholm für besonders verwerflich. Damit sollte nämlich nicht nur ein politischer Gegner öffentlich verunglimpft, sondern der Mensch Björn Engholm unter psychischen Druck gesetzt werden. Die Akteure, die durch ›Psycho-Terror‹ den politischen Gegner ausschalten wollten, schreckten nicht davor zurück, das persönliche Umfeld, familiäre Bindungen und die soziale Stellung einer Person aufs Spiel zu setzen, um ihre Ziele zu verwirklichen.«

Engholm ist im Spätherbst 1987, während der Untersuchungsausschuß Stück für Stück die Wahrheit ans Licht holt, selten in Kiel. Politik findet wegen des Patts praktisch nicht statt. Ob ein neuer Anlauf zur Wahl eines Ministerpräsidenten gemacht werden soll, ist lange Zeit offen. Engholm bereitet

Blumen für den Sieger
Engholm läßt sich in der Bonner Parteizentrale als Sieger der schleswig-holsteinischen Landtagswahl feiern (9. Mai 1988). (dpa)

sich zu Hause in Lübeck auf seine Vernehmung vor. Wohlwissend, daß Verletztlichkeit im politischen Geschäft häufig auch mit zuwenig Härte und mangelndem dickem Fell gleichgesetzt wird, präsentiert sich dem Ausschuß bei seinen Vernehmungen ein angriffslustiger Engholm. Kesse Fragen, vor allem des CDU-Ausschußmitglieds Trutz Graf Kerssenbrock, kontert er teilweise ironisch, teilweise mit Gegenattacken. Der Versuch, ihm den Verdacht zumindest von Mitwisserschaft anzudichten, scheitert denn auch kläglich. Wichtiger wohl noch aus der eigenen Sicht: Das Gerede, er sei eigentlich zu weich für die Politik, verstummt.

Unabhängig vom eindeutigen Ergebnis der Ausschußuntersuchungen und dem Tode Uwe Barschels spielt die CDU um die Jahreswende 1987/88 weiter auf Zeit und wird dabei von der FDP unterstützt. Angesichts des Patts im Landtag nutzt Barschels Nachfolger als amtierender Ministerpräsident, Bundesratsminister Henning Schwarz, sein alleiniges Auflösungsrecht des Landtages, um die absehbare Neuwahl hinauszuzögern. Der fällige Urnengang soll erst im Mai stattfinden - in der Hoffnung, daß bis dahin die Erinnerung verblaßt.

Es ist eigentlich kein Wahlkampf, was dann stattfindet. Die SPD kann ihren Slogan vom Vorjahr, »Zeit zum Aufklaren«, nahtlos mit neuer Bedeutung übernehmen. Und Engholm macht seinen Gegenkandidaten Heiko Hoffmann und dessen Partei sogar freiwillig hoffähig, indem er in einer Serie von gemeinsamen Veranstaltungen mit Hoffmann und anderen über Politik und Moral diskutiert. Am 8. Mai beim Wahlgang zeigt sich, daß die Schleswig-Holsteiner nicht das von der CDU erhoffte Kurzzeitgedächtnis haben. Die Christdemokraten landen mit 33,3 Prozent im Keller und die SPD stellt mit 54,8 Prozent nicht nur mit Engholm den Ministerpräsidenten, sondern schafft das beste Ergebnis, das jemals eine Partei in Schleswig-Holstein erreicht hat. In der Regierungserklärung des neuen Ministerpräsidenten kommt die Kieler Affäre nur kurz und verklausuliert vor. Engholm selbst erspart so der CDU jede Form von Quarantäne oder parteipolitisch motivierter Büßerrolle. Und er verweigert sich, anders als etwa der SPD-Fraktionsvorsitzende im Landtag, Gert Börnsen, der Versuchung, der CDU bei jeder passenden oder auch unpassenden Gelegenheit die Kieler Affäre um die Ohren zu schlagen. In Interviews biegt er entsprechende Fragen ab.

Er sei wohl tatächlich mit der Affäre fertig - auch fertiggeworden -, so schätzen es enge Mitarbeiter ein. Und er hat mit seiner Zurückhaltung, dafür hat er ein feines Gespür, am Ende auch politisch das einzig Richtige getan. In der veröffentlichten Meinung zur Kieler Affäre war immer von Tätern und Opfern die Rede gewesen. Das Mäntelchen des Opfer-Images hat sich Björn Engholm jedoch nicht umhängen lassen.

Die Barschel/Pfeiffer-Affäre:
»Ich gebe Ihnen mein Ehrenwort!«

Uwe Barschels Versuch, während der »Ehrenwort«-Konferenz vom 18. September 1987 den Kopf aus der Schlinge zu ziehen. (dpa)

Es ist Montag, der 7. September 1987, sechs Tage vor der schleswig-holsteinischen Landtagswahl und Erscheinungstag des Hamburger Nachrichtenmagazins *Der Spiegel.* Und es ist der Beginn einer Affäre, die sich zu einer der größten Vertrauenskrisen der deutschen Nachkriegszeit entwickeln sollte: die Barschel/Pfeiffer-Affäre oder Pfeiffer/Spiegel-Affäre oder, wie sie der *Spiegel* selbst nennt, die Waterkantgate-Affäre.

Erstaunt können an diesem Tag die Leser dem *Spiegel* entnehmen, daß der Oppositionsführer der SPD Schleswig-Holstein, Björn Engholm, seit Anfang 1987 von einer

Detektei observiert worden sei. Außerdem soll am 26. Januar beim Lübecker Finanzamt eine anonyme Anzeige gegen Engholm eingegangen sein. Vorgeworfenes Delikt: Steuerhinterziehung. Über die Hintergründe der beiden Aktionen kann das Nachrichtenmagazin nur vage Vermutungen anstellen, doch die Spuren führen in die Kieler Staatskanzlei.

Knapp eine Woche später, am Nachmittag des 12. September 1987 - also einen Tag vor der Landtagswahl - wird im Rundfunk erstmals über neue Enthüllungen des Hamburger Blattes berichtet. Demnach beschuldigt der *Spiegel* in seiner neuesten Ausgabe Uwe Barschel selbst: Er persönlich habe Pfeiffer den Auftrag gegeben, das angeblich ausschweifende Sexualleben seines Herausforderers Engholm mit Hilfe der Detektive auszuleuchten. Außerdem soll der Ministerpräsident persönlich die anonyme Anzeige initiiert haben. Und noch am 8. September 1987 habe er Pfeiffer den Auftrag gegeben, in Barschels Telefon eine Wanze zu installieren, um der SPD einen Abhör-Skandal aufzuhalsen.

Als Informationsquelle dient dem *Spiegel* eine eidesstattliche Erklärung des Medienreferenten Uwe Barschels, Reiner Pfeiffer. Uwe Barschel selbst weist die Vorwürfe zunächst als »erstunken und erlogen« zurück. Doch ahnt er wahrscheinlich schon zu diesem Zeitpunkt, daß dies der Anfang vom Ende seiner politischen Karriere bedeutet. Er weiß, daß sein Versuch, mittels eines rein inszenierten Skandals den politischen Gegner zu bekämpfen, fehlgeschlagen ist, und daß nun der Versuch selbst zum Skandal wird. Der Zeitpunkt der Veröffentlichung trägt zur Brisanz der Vorwürfe bei.

Von seiner eigenen Partei erhält Barschel Rückendekkung. Der CDU-Landesvorsitzende Gerhard Stoltenberg greift am Wahlabend die »linke Kampfpresse« an. Nicht das Verhalten Barschels sei skandalös, sondern die »Rufmordkampagne« des *Spiegel*, der durch publizistische Mittel versucht habe, den Wahlausgang zu beeinflussen. Uwe Barschel und seine Partei versuchen, das Blatt zu wenden. Während die Öffentlichkeit hin und her gerissen ist, greift Uwe Barschel zu einer weiteren Abwehrmaßnahme. Am Freitag, dem 18. September, spielt er auf einer perfekt in Szene gesetzten Pressekonferenz (der sogenannten »Ehrenwort-Konferenz«) seinen letzten Trumpf aus und gibt der gesamten deutschen Öffentlichkeit feierlich sein »Ehrenwort«, daß die gegen ihn erhobenen Vorwürfe haltlos seien.

Zunächst scheint die Rechnung aufzugehen. Die Medien zeigen sich von seiner Unschuld überzeugt, sind zumindest verunsichert. Bei den Politikern macht sich Erleichterung breit: Bundeskanzler Kohl spricht Barschel »jedes Vertrauen« aus, Stoltenberg bescheinigt ihm, er habe die »diffamierenden Anschuldigungen überzeugend widerlegt«. Auch in der Öffentlichkeit hat er viel Vertrauen zurückgewonnen. Niemand mag glauben, daß ein Ministerpräsident einen Meineid vor laufenden Kameras leisten würde. Dazu gesellt sich die dubiose Rolle Reiner Pfeiffers. Tatsächlich beruhen bisher ja alle Angaben einzig auf den Aussagen Pfeiffers und dieser hat einen zweifelhaften Ruf: Quer durch seine journalistische Karriere ziehen sich Verleumdungen, Skandale und schmutzige Tricks. Da glaubt man doch lieber einem (scheinbar) seriösen Politiker!

Zur Verhinderung weiterer Affären erteilt Barschel einen »Maulkorberlaß« - einzelnen Ministerien wird verboten, Auskünfte über die Affäre zu erteilen. Insbesondere die Springer-Presse unterstützt diese Desinformationskampagne der Landesregierung. Doch trotz aller Vorsichts- und Abwehrmaßnahmen läßt sich das Lügengebilde nicht aufrechterhalten. Denn Reiner Pfeiffer hat seinerseits einen starken Verbündeten - die Wahrheit.

Weitere Anschuldigungen und Beweise belasten Uwe Barschel von neuem – bis es auch der eigenen Partei zu mulmig wird und sie Uwe Barschel immer stärker unter Aufklärungsdruck setzt. Schließlich zieht Barschel die Konsequenz, besser gesagt, nimmt die ihm drohende Sanktion vorweg und erklärt am 25. September 1987 seinen Rücktritt als Ministerpräsident.

Seine Hoffnung, durch seinen Rücktritt weitere Enthüllungen verhindern zu können, erfüllt sich jedoch nicht. Am 2. Oktober 1987 beschließen alle vier im Landtag vertretenen Parteien, einen Parlamentarischen Untersuchungsausschuß einzusetzen. Schnell gelingt es dem Untersuchungsausschuß auf seiner ersten Sitzung am 7. Oktober 1987, Barschels Ehrenerklärung in den wesentlichen Punkten zu widerlegen. Die Aussagen Pfeiffers bestätigen sich, die Staatsanwaltschaft erklärt, es bestehe ein »Anfangsverdacht« gegen Uwe Barschel.

Für den 12. Oktober wird Uwe Barschel zur Aussage vor den Untersuchungsausschuß zitiert. Doch soweit soll es nicht kommen. Mit seinem wahrscheinlich als Mord inszenierten Selbstmord in einem namhaften Genfer Hotel am 11. Oktober 1987 entzieht sich Uwe Barschel der öffentlichen Demontage seiner Karriere und der totalen Zerstörung seines Prestige und seiner Familie: »Es geht doch nicht ums Amt. Es geht vor allem um den Ruf – meinen und den Ruf der Familie« (*so Barschel gegenüber der Illustrierten ›Quick‹ noch am 18. September 1987*).

Durch die undurchsichtige Rolle des *Stern*-Reporters, der Uwe Barschel als erster tot entdeckt, und der Veröffentlichung von entwürdigenden Photos des tot in der Wanne liegenden Uwe Barschel im *Stern* wandelt sich die »Kieler Affäre« zur Medienaffäre. Von »Sudeljournalismus« ist die Rede.

Die dubiosen, bis heute nicht völlig geklärten Umstände seines Todes und die zwielichtige Rolle des Jour-

Gratulation

Der unterlegene Björn Engholm reicht am Wahlabend der schleswig-holsteinischen Landtagswahl vom 13. März 1983 seinem Kontrahenten Uwe Barschel die Hand. (dpa)

nalisten schüren von Beginn an das Feuer für die phantastischsten Theorien. Eine »Komplott-Theorie« wird konstruiert, in der der Täter Barschel zum Opfer einer Verschwörung der SPD mit »journalistischen Todesschwadronen« (*Otto Graf Lambsdorff*) umkonstruiert wird.

Barschels Beerdigung in Lübeck gerät durch den riesigen Aufwand in den Bereich eines Staatstraueraktes. Wobei der Aufwand wohl weniger dem Toten als vielmehr der Restauration des von ihm mißbrauchten Amtes gilt. Die letzten Aufräumarbeiten fallen dem Untersuchungsausschuß zu. Er rekonstruiert nicht nur die Vorgeschichte des ganzen Skandals, sondern versucht auch, einen Blick auf die Hintergründe zu lenken. Zwei Faktoren erscheinen in diesem Zusammenhang herauszustechen: die »Machtbesessenhheit« Uwe Barschels, die Antriebsfeder seines unsäglichen Handelns war, und der Parteienfilz, der »Morast der CDU-Macht« in Schleswig-Holstein (so die *Wirtschaftswoche*), der solche Machenschaften im Grunde nur unterstützte.

Letztendlich bleibt die Frage, ob es sich bei der Barschel/Pfeiffer-Affäre um einen Einzelfall oder um einen »verunglückten Normalfall«, wie es die *Süddeutsche Zeitung* formulierte, gehandelt hat. Daß politische Parteien bespitzelt werden, gehört sicherlich zum politischen Alltag. Auch die Grünen waren in Kiel bespitzelt worden, mit dem Ziel, bei ihnen »Verfassungsfeinde« zu entdekken. Daß dies im Zuge der Affäre ans Tageslicht kam, interessierte kaum. Barschels Aktivitäten bewegten sich also durchaus im Bereich des »Normalen«.

Vergriffen hatte er sich allerdings in der zu bespitzelnden Person. Daß solche Machenschaften auch gegenüber einem, dazu noch so beliebten, Oppositionsführer ausgeübt wurden, das war die eigentliche Sensation. Hinzu kommt wohl das zum Teil mehr als unkritische Verhalten des in 38 Jahren CDU-Herrschaft abgestumpften und »hörig gemachten« Ministerialapparats. Eine Bespitzelung unliebsamer Parteien und/oder Organisationen kann es jedoch auch in der Zukunft geben, bloß wird man dann vielleicht etwas vorsichtiger sein. Also doch nur ein verunglückter Normalfall? *(js)*

LUDGER FERTMANN

DER LÜBECKER

(Teil II)

1987 zog die SPD Schleswig-Holstein mit einer Broschüre in den Wahlkampf. Vor gelbem Raps und blauem Himmel zeigte die Titelseite einen braungebrannten Björn Engholm. Auf knapp 50 Seiten wurde im Text der Lebens- und Karriereweg des Kandidaten für das Ministerpräsidentenamt gezeichnet. Das Heftchen wurde, wie Engholm sich heute erinnert, ein Renner. Vor allem ältere Leute hätten es gekauft. Bedienen wir uns also dieser Broschüre, die so wunderschön paradox beginnt. »Hier werde«, textete die beauftragte Agentur, »die Geschichte eines Mannes erzählt, der es nicht mag, daß man über ihn Geschichten erzählt«.

DIE JUGEND

1939, kurz nach Kriegsbeginn, wird Björn Engholm in Lübeck geboren, wächst mit einer Schwester bei den Eltern auf. Die Familie erlebt den Feuersturm des verheerenden Bombenangriffs vom 22. Mai 1942. 1945 müssen die Engholms binnen zwei Stunden ihre Wohnung räumen, weil die Alliierten in dem Häuserblock ihr Hauptquartier aufschlagen. Die Engholm-Broschüre vermerkt hier besonders, daß neben der Kleidung vor allem die Bücher mitgenommen wurden, die unter dem Nationalsozialismus von einer menschlichen Welt erzählten »und den kleinen Björn zum Büchernarren machten«. Die Not der Nachkriegszeit erlebt Engholm in einer »sich verstehenden, zusammenhaltenden Familie«. Die erste Schulerfahrung ist positiv wegen eines alten, umfassend gebildeten Klassenlehrers, der zuweilen mitten im Unterricht ein Lied singen läßt und bei dem man neben dem Rechnen auch das Flötenspiel lernt. 1948 allerdings wird die Schule »geordneter, weckt ein fester Stundenplan wenig Spontaneität«.

1955 stirbt der Vater, Speditionsangestellter in den Bad Schwartauer Marmeladenfabriken, die Familie muß fortan mit einer kleinen Rente auskommen. 1955 wird aber in der Broschüre noch aus einem anderen Grund ausführlich behandelt. Björn Engholm kann nicht mitansehen, daß seine kleinen, dicken Klassenkameraden bei Schwimmwettkämpfen die ewig Letzten sind. Der »ausgezeichnete Schwimmer« vereinbart mit Mitschülern, den Langsamen einen Vorsprung zu geben. Dafür kassiert er vom Lehrer schallende Ohrfeigen. »Der unbeugsame Erste« sagt die Wahrheit nicht und die Zeit »herzlicher Übereinstimmung zwischen Lehrern und Schüler« endet abrupt. Er schwänzt, wird erwischt, fliegt von der Schule.

Das Engagement

»Schon längst ein Anhänger des Musischen«, entscheidet er sich für eine Ausbildung als Schriftsetzer, auch wegen »Engholms Gefühl für formale Schönheit«, tritt 1958 in die IG Druck und Papier ein, »leistet damit einen entscheidenden Beitrag zu Kollegialität«. Es folgt der Lehre ein Studienabschluß als graduierter Sozialwirt auf dem zweiten Bildungsweg, dann das Studium der Sozialwissenschaften an der Hamburger Universität. Dazu vermerkt die Broschüre, Engholm sei sich »der Stärke seiner Lernmotivation voll bewußt« gewesen und habe auch andere Fächer wie Anthropologie und Psychologie belegt, bei Professor von Weizsäcker über den griechischen Philosophen Platon gehört. Resultat: ein Diplompolitologe in den Fächern Politik und Volkswirtschaft.

Apartheids-Politik in Südafrika, Vietnam-Krieg, Björn Engholm geht auf die Straße, ist »mit Leidenschaft« dabei. Seine Freunde und er »sind nicht gegen alles«, doch sie wollen verändern. So erteilt Engholm in mehreren Semestern Unterricht an der Volkshochschule und in der gewerkschaftlichen Jugend- und Erwachsenenbildung. »Die Umsicht, mit der er zur Sache geht, macht die Jungsozialisten in Lübeck auf ihn aufmerksam.« Sie machen ihn nicht nur zu ihrem Vorsitzenden, sondern schlagen ihn auch zum Bundestagskandidaten vor. 1969, keine 30 Jahre alt, zieht Engholm in den Bundestag ein und lernt dort die Macht der Kanalarbeiter in der SPD-Fraktion kennen.

»Die Jungen haben kaum Chancen voranzukommen«, umschreibt er die Situation und »findet gar nichts dabei«, während der ersten Jahre dreimal vergebens für den Fraktionsvorstand kandidiert zu haben. »Erst« 1976 »greift« dann Herbert Wehner ein: Engholm wird Vorsitzender des Fraktionsarbeitskreises Inneres. Schon ein Jahr später dann der Job des Staatssekretärs im Bildungsministerium. »Seit dem 18. Mai ist Bonns Bühne um eine Attraktion reicher«, schreibt eine große deutsche Frauenzeitung, und so hält es dann auch die Broschüre fest.

Die Karriere

Vor allem ein Bild geht bundesweit durch die Blätter: Der Staatssekretär, der die ihm nun zustehende teure Büroeinrichtung ausschlägt und sich ebenso preiswert wie werbewirksam bei einem unmöglichen Möbelhaus aus Schweden eindeckt. Engholm profiliert sich damit bundesweit und mit - wohl auch für ihn selbst - überraschend lang anhaltender Wirkung als der etwas andere Politiker.

Wohl auch durch den Erfolg ermutigt, pflegt er dieses Image: Mit wachsendem Fingerspitzengefühl dafür, wie man sich distanziert, ohne gleich aus der eigenen Kaste ausgestoßen zu werden. Ein Beispiel, das er selbst immer wieder gern zum Besten gibt: Auf einer offiziellen Auslandsreise warteten die Gastgeber lange Zeit vergeblich in der VIP-Lounge des Flughafens. Der Grund: der Regierungsbesuch aus Bonn war Touristenklasse geflogen.

Das Ministerium, in dem er dann 1981 an die Spitze rückt, gibt für die Imagepflege reichlich Gelegenheit. Kompetenzen gibt es wenig. Dafür aber um so mehr Möglichkeiten, den Bogen von der Politik zu Kunst und Kultur zu spannen. Er wird, ausgestattet mit dem gut funktionierenden Apparat eines kleinen, überschaubaren Ministeriums, ein Bonner, genießt den Kontakt zu Künstlern und Geistesschaffenden, Schleswig-Holstein ist weit weg.

Seine Verbindungen gehen bald weit über die Nähe in Sachfragen hinaus, die 1972 erstmals Künstler in breiter Front veranlaßt hatten, sich für die SPD in Wahlkämpfen zu engagieren. Er schaut den Künstler-Freunden viel ab, formuliert bald auch betont über den Tellerrand sozialdemokratischer Parteitagsbeschlüsse und Realpolitik hinaus. Er »mißt den Reichtum der Gesellschaft nicht allein an ihrem Sachkapital. Er weiß, daß ohne das lebendige Mittun der Menschen, ohne die Aufgeschlossenheit unserer Sinne, ohne ästhetische Erziehung die Gesellschaft verkommt«. Und er stellt sich, als das eigene Kabinett 1981/82 das Bafög kürzen will, quer, droht mit Rücktritt und setzt sich durch.

1982 ist er vor dem Sturz von Helmut Schmidt noch dreizehneinhalb Tage in Personalunion auch Landwirtschaftsminister. Zu diesem Zeitpunkt ist er bereits Spitzenkandidat der SPD Schleswig-Holstein für die Landtagswahl im September 1983. Er wendet sich von Bonn ab. Im Falle einer Niederlage will er nicht, wie angekündigt, in Bonn bleiben, sondern auch als Oppositionsführer nach Kiel gehen. Das »Duell« mit Barschel ist damit schon auf längere Sicht angelegt. Der Ausgang ist bekannt.

Glaubt man der Broschüre, eine Karriere wie aus dem Bilderbuch, eine Karriere ohne Widersprüche – eben glatt und norddeutsch. Doch Engholm selbst antwortet mit Augenzwinkern auf die Frage, ob er die gebundene Zusammenfassung seines Lebens je komplett gelesen habe: »Mal eher nicht.«

Der Interviewpartner

So schlagfertig ist der Ministerpräsident des Landes Schleswig-Holstein fast immer: ein idealer Interviewpartner. Was bei vielen anderen Politikern schwerfällt, ein angenehmes Ge-

Offenheit

Von Journalisten wird Björn Engholm immer wieder als »der ideale Interviewpartner« bezeichnet. (Süddeutscher Verlag)

sprächsklima zu schaffen, übernimmt hier der Interviewte selbst – noch dazu mit ›leichter‹ Hand. Ist er in Kiel, also in den eigenen Räumen, entsteht eigentlich nie die ›Routine eines Tisches‹ mit den anderswo offenkundig konferenz- oder interviewnotwendigen kleinen Seltersflaschen. Und Tee und Kaffee gibt es nicht aus der Thermoskanne, sondern vom Stövchen.

Das Gespräch, wenn es um seine Person, nicht um ein einzelnes Feld von Sachpolitik geht, kennt immer wiederkehrende Formulierungen. »Konsens« ist so eine, auf den eigenen Politikstil bezogene und dann ausgiebig erläuterte Methode, die Probleme nicht einfach vom Tisch zu wischen, aber auf alle Fälle handhabbar zu machen.

Zu Engholm gehört auch, das er – früher oder später – eine völlig anders gezielte Frage fröhlich mißversteht und also ungefragt Gelegenheit hat, zu unterstreichen, daß er sich nun wirklich nie nach einem Amt gedrängt hat, sondern dieses ihm angetragen, ja regelrecht aufgedrängt worden sei. Hier läßt sich dann auch gleich und geschickt daran erinnern, daß er immerhin unter und mit dem Bundeskanzler Helmut Schmidt am Kabinettstisch gesessen habe. Der habe ihm ja dann 1977 den Job des Parlamentarischen Staatssekretärs »befohlen«.

Solch anekdotischen Antwortstil ergänzt Engholm noch durch eine Fähigkeit, die selbst solche Journalisten verblüfft, die häufig Politiker interviewen: Egal wie eng der Zeitrahmen eigentlich gesetzt war, Engholm wirkt, als habe er alle Zeit der Welt, um auch noch die bekanntesten Standardfragen erneut zu beantworten. Und er gewinnt solch routiniertem Wechselspiel immer neue Varianten ab, indem er aus dem Interview ein Gespräch macht.

Der Slogan von der Regierung, die zuhört, war so ohne Grund tatsächlich nicht. Engholm hört tatsächlich zu, kehrt zuweilen das Interview-Spiel um, erzeugt damit den Eindruck von Offenheit für Argumente und Meinungen.

Allerdings, Engholm kann auch, elegant und damit erfolgreich, ihm unangenehme Themen und Festlegungen vermei-

Moderne Gemütlichkeit
Björn Engholm mit seiner Frau Barbara im heimatlichen Wohnzimmer. (dpa)

den. Die Frage nach politischen Weggefährten, nach »engen Weggefährten«, beantwortet er zum Beispiel – auch bei einer Wiederholung – mit einer Aufzählung von Vorbildern: Da gebe es einen Senator der Freien und Hansestadt Lübeck, der während des Krieges im skandinavischen Exil lebte, womit er dann gleich den Bogen schlägt zum ebenfalls gebürtigen Lübecker Willy Brandt. Und die anderen Sozialdemokraten wie Schuhmacher, Wehner und Schmidt, vergißt er in diesem

Zusammenhang auch nicht zu erwähnen. Seine Weggefährten: eine sozialdemokratische Ahnengalerie.

An kleinen verbalen Stolpersteinen, die man ihm in den Weg legt, kaut er einige Zeit mit eigenen Worten herum, ehe er sich festlegt. Ob er von führenden Bonner Parteifreunden als SPD-Bundesvorsitzender auch Unterordnung erwarte, ist so eine Frage. Er lehnt zuerst das Wort Unterordnung ab, beschreibt dann aber notwendige Disziplin und zeichnet ein Bild vom Vorrang des »Gesamtladens SPD« vor der Profilierung einzelner. Ehrsamkeit, Verläßlichkeit, menschliche Anständigkeit wünscht er sich in diesem Zusammenhang von den führenden Parteifreunden in Bonn, kaut immer noch am Begriff des Unterordnens, modifiziert und verbindet ihn dann mit seiner Lieblingsvokabel vom notwendigen Konsens: Notwendig sei die Bereitschaft, die eigene Meinung zugunsten eines größeren Konsens auch mal um 20 Prozent zurückzunehmen. Fährt dann mit den Worten fort, »solche Rücksichtnahme heißt auch immer, sich zu bescheiden und einzuordnen«.

Bei näherem Hinsehen und mit der Erfahrung mehrerer Interviews fällt dann noch etwas auf: Frust oder Ärger läßt Engholm nie an seinem Gesprächspartner, unerwartet scharf aber an seiner Umgebung aus. Kritik im Beisein Dritter, mühsam verpackt in eine hart formulierte Frage, trifft regelmäßig die Mitarbeiter.

Bourgois, das hat für ihn im Ursprung nichts Negatives, und nur im deutschen Sprachraum werde es als Schimpfwort gebraucht. Im klassischen Sinne bürgerlicher Lebensverhältnisse treffe es doch auf Dreiviertel der Bevölkerung zu. Und »klar« sieht er, auf Nachfrage, auch bei sich selbst starke bürgerliche Züge. Aber, so fällt es ihm nach einsekündiger Bedenkzeit ein, »im besten Sinne des Wortes, zivil, in guten, mittleren Verhältnissen lebend«.

Ausgesprochen vorsichtig geht Engholm damit um, wie ihn denn nun Jochen Steffen, der große Mann der SPD Schleswig-Holstein in den sechziger und siebziger Jahren beeinflußt habe. Toleranz habe er von ihm gelernt, Reflexionen, das Eingehen auf Argumente der Gesprächspartner. Aber er formuliert hier auch ein Stück weit seine eigene, noch immer vorhandene Distanz zur Landespartei. Von Steffen habe er gelernt, daß jemand mit außerordentlich hohen, theoretischen Ansprüchen es außergewöhnlich schwer habe, mehrheitsfähig zu werden: »Ich habe von ihm so gesehen auch gelernt, wieder näher zum praktischen Denken und zur Praxis zu kommen und nicht alles auf die Revolution auszurichten.« Und es war schließlich auch nicht die Revolution, die Engholm zum Ministerpräsidenten des Landes Schleswig-Holstein gemacht hat.

Der Regierungschef

Am 31. Mai 1988 wurde Björn Engholm zum Ministerpräsidenten gewählt. Vier Wochen später gab er vor dem Landtag seine erste Regierungserklärung ab. Der fällig werdende Nachtragshaushalt wies dann, offen ausgewiesen und politisch argumentativ begründet, 115 neu zu besetzende Ministerialstellen als politischen Preis des Wechsels aus. Nach 38 Jahren ununterbrochener CDU-Regierung wollten und sollten die Minister in ihren jeweiligen Ressorts, wenigstens auf einigen Posten, Mitarbeiter ihres Vertrauens einsetzen können.

Öffentlich wurde mit Schmunzeln registriert, daß der Morgenmuffel Engholm in einer seiner ersten Amtshandlungen den Beginn der wöchentlichen Kabinettssitzung um eine Stunde von zehn auf elf Uhr verschob. Und obwohl Innenminister Hans Peter Bull bereits im ersten Jahr einen Nichtrauchererlaß verbindlich für die ganze Landesverwaltung formulierte, hat im Kabinett noch niemand dagegen protestiert, daß für den Regierungschef politische Diskussionen offenkundig unvermeidlich mit dem Anzünden einer Pfeife beginnen.

In der Öffentlichkeit weniger bekannt: Engholm ist bei seinen Ministern und Staatssekretären als eifriger Aktenleser gefürchtet. Nach dem Vorbild von Helmut Schmidt, der im Bundeskabinett zuweilen einzelne Ressortchefs durch Nachfragen in Detailpunkten regelrecht vorführte, verblüfft Engholm zuweilen durch bessere Einzelerinnerung als der jeweilige Fachmann, respektive die Fachfrau. Und er hat sich mit dem ehemaligen Vize-Präsidenten des Bundesamtes für Verfassungsschutz, Stefan Pelny, einen Mann als Staatssekretär und damit Leiter in die Staatskanzlei geholt, der dafür sorgt, daß das direkte Umfeld des Ministerpräsidenten möglichst geräuscharm arbeitet.

Der Regierungsstil

Das von Engholm in der Öffentlichkeit gepredigte Konsensprinzip gilt im Kabinett mit Grenzen. Ausufernde Diskussionen schneidet er ab und formuliert beim Widerstreit zweier Ressorts notfalls die Regierungslinie. Was Engholm auf den Tod nicht ausstehen kann, ist die Vorstellung, Fehler zugeben zu müssen. Davon profitierten in dieser Legislaturperiode bereits mehrere Kabinettsmitglieder, allen voran Eva Rühmkorff. Als Kultusministerin glücklos und in den zentralen Feldern sozialdemokratischer Reformpolitik binnen zwei Jahren hoffnungslos in die Defensive geraten, wurde sie nicht etwa gefeuert, sondern ausgetauscht. Sie wechselte nach Bonn auf den Stuhl der Bundesratsministerin, von dort kam und übernahm den Job im Kultusressort Marianne Tidick. Zum Kieler Regierungsstil gehört im Umkehrschluß für so viel Festhalten an Personen aber auch, daß die Minister ihrem Chef unangenehme Aufgaben abzunehmen haben. Der Chef des Verkehrsressorts, Franz Froschmaier, mußte sich ein Jahr für seine Forderung nach einem notwendigen Ausbau der Straßen von der eigenen Parteibasis in zahllosen Veranstaltungen förmlich zerreißen lassen. Erst als die SPD ihre Wut über die, auch nach Öffnung der innerdeutschen Grenze unabweisbaren, neuen Schnellstraßen ausgiebig an Froschmaier abreagiert hatte, machte sich Engholm den kompletten Forderungskatalog des Ministers zu eigen und verkündete ihn als offizielles Regierungsziel.

Der Mann von der Küste
Engholm informiert sich über Deichsicherungsarbeiten in Dagebüll (1990). (dpa)

Für die Schleswig-Holsteiner brachte der Regierungswechsel erstmal demonstrative Liberalisierungsinitativen, etwa durch Abschaffung der Regelanfrage bei der Einstellung im öffentlichen Dienst. Die Umsetzung sozialdemokratischer Reformen dagegen lief eher schleppend an. Grund dafür waren nicht fehlende Ideen, sondern das Bestreben Engholms, Regierungshandeln - um beinahe jeden Preis - ganz anders zu betreiben als christdemokratische Vorgänger. Der Dialog mit den Bürgern, der Konsens der Gruppen, die wissenschaftliche Absicherung von Entscheidungen, alle drei Punkte hatte Engholm lange im Munde geführt und wollte sie nun umsetzen. Konsequenz: Politik stellt sich in Schleswig-Holstein heute so gar nicht als zupackendes, Probleme mutig anfassendes Regierungshandeln, sondern als zögerlich dar.

Die Regierungszeit

Dafür drei Beispiele: Beim Regierungsantritt fand die SPD in Flensburg eine kleine, private Universität unter den Altlasten, deren Sanierung über mindestens ein Jahrzehnt jährlich zweistellige Millionensummen aus dem Landesetat erfordert hätte. Die absehbar einzig mögliche Entscheidung, nämlich Schließung, wurde jedoch vertagt. Erst als eine von Engholm berufene und hochkarätig besetzte Kommission die Aussichtslosigkeit mit einem quasi-wissenschaftlichen Stempel versehen hatte, wurde die Privat-Uni liquidiert.

Daß der Nordstaat, selbst in der kleinen Lösung eines Zusammenschlusses nur von Hamburg und Schleswig-Holstein, absehbar politisch nicht zu realisieren ist - trotz seiner sachlichen Berechtigung -, ist seit den siebziger Jahren allen Beteiligten klar. Dennoch ließ Engholm ein weiteres Mal Gutachten erstellen, um dann zu verkünden, da das Wünschenswerte nicht durchsetzbar sei, werde man nun viele kleine Kooperationslösungen anstreben.

Und die private Mitnutzung eines Militärflughafens, um einen bescheidenen regionalen Luftverkehr aufzubauen, geriet vollends zum Eiertanz. Ob auch nur eine Umweltverträglichkeitsprüfung für das Projekt gemacht werden sollte, wurde wiederum gutachterlich mit Bedarfsanalysen über einen Zeitraum von fast zwei Jahren »ergebnisoffen« vorgeprüft. Daß ausgerechnet die eigene Partei vor Ort diese doch ausdrücklich ergebnisoffene Prüfung ablehnte, hat Engholm ebenso geärgert wie eine Niederlage, die zwar die Landtagsfraktion zu verantworten hatte, die aber ganz selbstverständlich auf den Ministerpräsidenten zurückfiel. Das von der SPD versprochene Ausländerwahlrecht wollte Engholm wegen rechtlicher

Streitfragen eigentlich erst für die Kommunalwahl 1994 einführen. Die SPD-Fraktion unter ihrem Vorsitzenden Gert Börnsen aber paukte ein weitgehendes Gesetz noch eben schnell genug für die Kommunalwahl 1990 durch. Resultat: das Bundesverfassungsgericht kassierte das Gesetz und der Ministerpräsident ärgerte sich über Schlagzeilen, in denen der Karlsruher Spruch als seine Niederlage eingestuft wurde.

Im Laufe der Legislaturperiode kam trotz endloser Anhörungsmarathons zu allem und jedem die Reformlawine und brachte, quasi als Geröll, viel öffentliches Geschrei und Empörung mit sich. Ob es nun die Schaffung neuer Gesamtschulen, oder mehr Rechte für den Bürger auf kommunaler Ebene war, ob es nun um mehr Mitbestimmung ging, oder um den Bildungsurlaub, der Gegenwind wurde stärker und Engholm, dem doch so viel an gutem Einvernehmen mit allen Gruppierungen liegt, gab anderthalb Jahre vor der Landtagswahl im Frühjahr 1991 erschrocken die Parole vom »Reiz der Langsamkeit« aus. Hauptaufgabe von Landesregierung, Landtagsfraktion und Landespartei ist es nun, die vielen guten Taten der Anfangsphase dem Volke näher zu bringen.

Zu des Ministerpräsidenten - inzwischen auch in Buchform auf gut 200 Seiten ausgebreiteter - Überzeugung, daß Politik heute nur noch begrenzt handlungsfähig ist, paßt der Rückzug von all zu konkreten, mittelfristigen Festlegungen. Zum Ausstieg Schleswig-Holsteins aus der Kernenergie, in der Regierungserklärung für den Zeitraum bis 1996 anvisiert, fällt Engholm heute vor allem ein, daß dies nur über eine geänderte Mehrheit auf Bundesebene machbar ist. Und was die in Schleswig-Holstein unter Engholm üblich gewordene breite Bürgerbeteiligung angeht, so verschafft sie mehr Frust als Beteiligungslust. Der verordnete Dialog nämlich findet in erster Linie mit den Gruppen und also um Gruppeninteressen statt. Ob Sportangler oder Milchbauern, ob Lehrerverbände oder Industrie- und Handelskammern, es kollidiert aus sozialdemokratischer Sicht in 38 Jahren aufgestauter Reformbedarf mit der Verteidigung von Gruppenegoismen. Sehr zur Freude der Zeitungsverlage: Inzwischen sind große Anzeigenaktionen gegen die Politik der Landesregierung, ob von Lehrern oder Kriminalpolizisten, ein übliches Protestmittel geworden. Gegen den Frust feit sich Engholm mit regierungsamtlichen Ausflügen in den Grenzbereich zwischen Politik einerseits und Bereichen wie Wirtschaft oder Kultur andererseits. In der Denkfabrik bittet er Spitzenmanager, möglichst aus aller Welt, zum Ideen-Wettbewerb über neue Chancen. »Wer arm ist, muß schlau sein«, lautet das Credo bei dem Versuch, Schleswig-Holstein aus seiner Randlage herauszuhelfen. Synergieeffekte waren 1990 des Ministerpräsidenten Lieblingsvokabel.

Übertroffen wurde der Einsatz des Synergieeffekts in den Reden des Ministerpräsidenten nur noch vom Begriff »Ars Baltica«. Dahinter verbirgt sich einmal mehr das Prinzip Hoffnung: Kulturelle Brücken will der Ministerpräsident zwischen den Ostseeanliegerstaaten schlagen. Und irgendwann soll dann die erhoffte und anvisierte, gemeinsame kulturelle Identität umschlagen in eine neue Qualität der politischen Beziehungen, in eine enge Verflechtung der Verkehrswege, in einen neuen großen Wirtschaftsraum, bei dem Schleswig-Holstein Bestandteil der Bundesrepublik bleibt und zugleich ein Stück von Skandinavien wird.

Mit solchen Visionen verträgt sich der tägliche Kleinkram nicht immer. Richtig böse wurde Engholm, als er erfuhr, daß sein Hamburger Amtskollege und Parteifreund, Bürgermeister Henning Voscherau, mit dem mecklenburgischen Regierungschef Alfred Gomolka konkret über den richtigen Standort für einen neuen norddeutschen Großflughafen verhandelt. Engholms Ärger ist allerdings aus Hamburger Sicht kaum nachvollziehbar. Statt im eigenen Land über einen Ersatz für den Airport Fuhlsbüttel nachzudenken, der absehbar an seine Grenzen stößt, schlug der Kieler Regierungschef schon mal vor, südlich von Hamburg in Niedersachsen zu planen. Die Industrie läuft gegen diese von der SPD durch strikte Ablehnung erzwungene Enthaltsamkeit Sturm, ist andererseits aber fair genug, zuzugeben, daß etwa mit einem Institut für Marine-

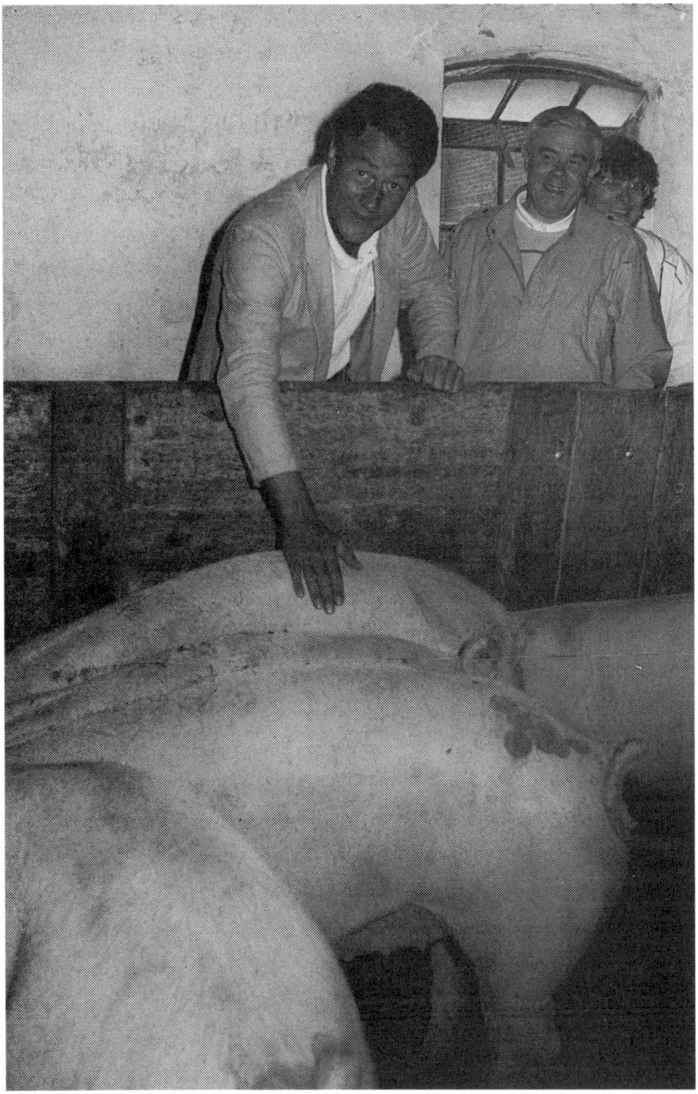

Schwein gehabt
Engholm besucht während dem Landtagswahkampf 1987 einen Bauernhof in Westerholz. (Keystone)

Geo-Wissenschaften und der zuvor über Jahrzehnte versäumten Gründung einer technischen Fakultät an der Kieler Universität richtungsweisende Weichenstellungen inzwischen doch erfolgt sind.

Die Macht

Und wenn der Frust mal wieder zu arg wird, hat Engholm ja immer noch die klassische Kulturpolitik als Betätigungsfeld. Den bodenständigen Schleswig-Holsteinern verordnet er mit einer Selbstverständlichkeit »Kultur als Nahrung für die Seele«, als regiere er ein Land der Kulturbeflissenen. In zwei Landtagswahlkämpfen haben sich Kulturschaffende in Wählerinitiativen auf seine Seite geschlagen wie für keinen anderen sozialdemokratischen Politiker, seit es derartige Wählerinitativen gibt. Die Realität allerdings eines kleinen, hochverschuldeten Bundeslandes holt den Ministerpräsidenten und seine Liebe zur Kunst und der Vorliebe zum Umgang mit den Kulturschaffenden zusehends ein. Günther Kunert hat mit lautem Aufschrei die Brocken als Präsident der Literaturgesellschaft Schleswig-Holstein hingeworfen, weil die Landesregierung - also Engholm - einen geforderten sechsstelligen Betrag für Kunert nicht griffbereit hatte. Er wollte nicht länger um »jede Mark betteln«.

Wie überhaupt so mancher Satz des Ministerpräsidenten nicht nur vom politischen Gegner, sondern auch in den eigenen Reihen immer wieder gewogen wird. Kopfschütteln löste ein Jahr nach der Machtübernahme in Kiel ein Fernsehfeature über Engholm aus. Wie immer - und wieder um beinahe jeden Preis - bemüht, den Kontrast zum Prototypen eines deutschen Politikers darzustellen, ging Engholm in die Vollen und verstieg sich zu der Behauptung, wer bestimmte Schriftsteller nicht gelesen habe, der könne nur ein böser Machtpolitiker sein.

Wer nun allerdings im Umkehrschluß meinen sollte, ein Mann mit soviel offen formulierter Abneigung gegen technokratischen Umgang mit der Macht müsse zwangsläufig Probleme mit der Machtausübung haben, der irrt. An Engholms Einlassung, er habe sich nie um einen Posten beworben, ist mit Sicherheit richtig, daß er für sich selbst den SPD-Bundesvorsitz nicht angestrebt hat. Als aber nach der Bundestagswahl die Parteigremien mit dem Hoffnungsträger Oskar Lafontaine gnadenlos abrechneten, war sich Engholm sehr schnell darüber im klaren, daß nun – Provinz hin und Parteiferne her – alles auf ihn zulief. Eben weil er über die Partei Karriere gemacht hatte, konnte Engholm nicht ablehnen und trat an, den Ablauf der Kür zu diktieren.

Er erklärte den Doppeljob in Kiel und Bonn für eigentlich nicht menschenmöglich und, gestützt auf diese Beinahe-Absage, handelte er binnen weniger als einer Woche die Übernahme zu seinen Bedingungen aus. Mit Lafontaine, so ging er in den Dezembertagen zu dem in der Karibik Urlaub machenden, gescheiterten Kanzlerkandidaten deutlich auf Abstand, habe er durchaus Kontakt: »Über die Deutsche Welle«. Engholm war beleidigt: Wie Lafontaine nach der Wahl und innerparteilicher Kritik die Brocken hingeworfen hatte, wollte und will ihm Engholm nicht vergeben. Der Kieler Ministerpräsident hatte sich schließlich wie kein Zweiter in der Mitte des Jahres 1990 für Lafontaine stark gemacht.

Der Parteichef

Wie Engholm die Bundespartei führen wird? Sicherlich ohne Klarsichthüllen, aber mit einem Händchen dafür, einen Mitarbeiter zu haben, der eben solche Klarsichtmappen immer zum rechten Zeitpunkt aus der Tasche ziehen kann. Und wenn dann jemand von ihm mehr Einsatz verlangt, wird auch ein Mitarbeiter da sein, der solch dreiste Forderungen mit dem Hinweis aufs Politbarometer kontert. Dort schwebte Engholm schon früher, losgelöst von der eigenen Parteikonkurrenz, in wählerwirksamen Sphären und etabliert sich dort gerade deutlich oberhalb des Parteienalltags.

Frischer Wind in Schleswig-Holstein
Der photogene Ministerpräsident bei einem Spaziergang am Timmendorfer Strand (1990). (Ullstein)

Ob Björn Engholm kontaktfreudig ist? Die Meinungen gehen auseinander, wie überhaupt die Persönlichkeit dieses Mannes bei vielen Zeitgenossen nur absolute Zustimmung und bei wenigen eine ebenso kategorische absolute Ablehnung zuläßt. Auf alle Fälle ist Engholm ein Mann, der das berühmte Händchen dafür hat, kompetente Personen um sich zu scharen. Das Kieler Kabinett nach dem Machtwechsel 1988 unterscheidet sich schon dadurch wohltuend von vorangegangenen Regierungen unter Uwe Barschel und Gerhard Stoltenberg, weil da nicht nur hochgediente Eigengewächse der Landespartei sitzen, sondern teils eigensinnige, teils unabhängige Geister.

Weniger als die Hälfte der Kabinettsriege rekrutiert sich aus dem Landtag, kaum mehr als die Hälfte aus dem (kleinen)

Bundesland. Ob der frühere Bundesbeauftragte für Datenschutz Hans-Peter Bull, Bundesratsministerin Eva Rühmkorff oder Kultusministerin Marianne Tidick - Engholms Team beeindruckt.

Wenn auch schweren Herzens beugt sich Engholm 1988 sogar einem Junktim von Heide Simonis. Die Bundestagsabgeordnete will nur Finanzministerin werden, wenn sie sich Klaus Gärtner, eingeschriebenes Mitglied der FDP und zudem ehemaliger liberaler Bundestagsabgeordneter, als Staatssekretär aussuchen darf. Die Kabinettsrunde ist übrigens nicht zufällig. Bereits das erste Schattenkabinett aus dem Landtagswahlkampf 1983 war ähnlich prominent besetzt. Und in beiden Fällen, auch dies eine bundesweite Premiere, besteht das Kabinett zur Hälfte aus Frauen. Typisch Engholm: Vom ersten Schattenkabinett war vier Jahre später, beim zweiten, erfolgreichen Kampf um die Macht in Kiel, mit dem parteilosen

Alle Mann an Bord
Björn Engholm mit einem Teil seines »Schattenkabinetts« am 20. April 1988 in Malente. (dpa)

Die Denkfabrik: Spielerei oder intelligente Alternative?

Mit großer Resonanz arbeitet seit über zwei Jahren die sogenannte ›Denkfabrik‹ in Schleswig-Holstein. Die von Björn Engholm initiierte Institution hat sich zur Aufgabe gesetzt, über das politische Tagesgeschäft hinaus, längerfristige Entwicklungen und Probleme aufzugreifen und die entsprechenden Konsequenzen für das Land Schleswig-Holstein aufzuzeigen. Dabei wird vor allem auf den Sachverstand und die Fähigkeiten von Wissenschaftlern, Künstlern, Industriellen oder anderen Personen, die außerhalb des politischen Lebens stehen, zurückgegriffen.

Die von konservativen Kreisen vorgebrachte Kritik, es handle sich dabei nur um eine linke Kaderschmiede, tut der Denkfabrik unrecht. Um Mitarbeit ersucht wird, wer von Nutzen sein kann. Daß da auch mal ein ehemaliger CDU-Kandidat für ein Hamburger Senatorenamt dabei ist (der Bankier Eckart van Hooven), der Hamburger Phillips-Chef oder der Vorsitzende der Unternehmensverbände Schleswig-Holstein um Meinung und Einschätzung angegangen werden, bereitet Björn Engholm wenig Kopfzerbrechen. Was zählen soll, ist der Sachverstand und nicht das Parteibuch. Schließlich soll ja auch über die Landesgrenzen hinaus gedacht und gehandelt werden.

Inzwischen kann die, von einigen Skeptikern anfänglich belächelte Denkfabrik erste Erfolge aufweisen. Im November 1989 hat die erste Projektgruppe (Titel: »EG-Binnenmarkt '92: Chancen für Schleswig-Holstein«) einen Bericht zur Vorbereitung Schleswig-Holsteins auf den Europäischen Binnenmarkt vorgelegt. Von den dort unterbreiteten rund 50 Vorschlägen konnten bis heute 20 Empfehlungen in die Tat umgesetzt werden (z. B. die Verbesserung der Präsenz Schleswig-Holsteins in Brüssel, eine Imagekampagne zur Verbesserung des Wirtschaftsklimas und der überregionalen Präsenz des Landes als Investitionsstandort, die Verstärkung der Zusammenarbeit mit Hamburg oder der Aufbau weiterer Technologiezentren etc.).

Als erfolgreich entpuppte sich auch die zweite Projektgruppe, die sich mit der »Zukunftsregion Ostsee« auseinandersetzte. Sowohl staatliche als auch private Organisationen des In- und Auslandes griffen in den letzten Monaten immer wieder auf die Ergebnisse der Expertengruppe zurück. Dabei wurde deutlich, daß die von Schleswig-Holstein ergriffene Initiative zur Intensivierung der regionalen Zusammenarbeit rund um die Ostsee äußerst positiv aufgenommen wird. Doch an Konkretem mangelt es noch.

Am 31. Januar 1991 hat sich die inzwischen dritte Projektgruppe konstituiert. Unter dem Arbeitstitel ›Zukunftsregion Schleswig-Holstein‹ sollen Vorschläge für die zukünftige Infrastruktur des Landes gemacht werden, basierend auf den sogenannten »K-Faktoren«: Kenntnisse, Kompetenz, Kreativität, Kultur, Kunst und besonders Kommunikation.

Die Denkfabrik also doch mehr als eine Spielerei des schleswig-holsteinischen Ministerpräsidenten Engholm? Es scheint so, wenngleich darüber erst die Zukunft entscheiden wird. Denn erst dann werden die jetzt durch die Denkfabrik beschlossenen Vorhaben richtig greifen. Die bisher erzielten Erfolge geben Björn Engholms Modell jedenfalls noch recht. *(js)*

Umweltminister Berndt Heydemann nur noch eine Person übrig. Dieser »Bruch« leitet nahtlos über zu einem anderen, ungewöhnlichen Charakterzug des neuen SPD-Vorsitzenden.

Er kommt in seinem engeren Umfeld aus, ohne sich auf langfristige Loyalität verlassen zu müssen und/oder einzulassen. Als nach dem Wechsel zur schwarz-gelben Koalition in Bonn 1982 der ehemalige Bundesbildungsminister als Spitzenkandidat und dann als Oppositionsführer von Bonn an die Kieler Förde wechselte, tat er dies völlig allein. Kein Büroleiter, kein Fachreferent, kein Pressesprecher, nicht einmal eine Sekretärin oder den Fahrer brachte Engholm mit. Diese Stunde Null, Umgebungs- und Aufgabenwechsel gleichgesetzt mit Austausch der persönlichen Mannschaft, wiederholte sich 1988 bei der Übernahme der Regierungsgeschäfte. Mit halbjähriger Verzögerung durfte nur der vormalige Pressesprecher der SPD-Fraktion, Klaus Nilius, als Redenschreiber in die Staatskanzlei wechseln. Das gesamte andere Personal wurde neu rekrutiert. Und Nilius kam als Versorgungsfall auch nur deshalb in der Staatskanzlei unter, weil er zu den vielen von der Kieler Affäre geschädigten Einzelpersonen zählte. Ihm hatte sich Barschels verlängerter Arm, Medienreferent Reiner Pfeiffer, verhältnismäßig frühzeitig anvertraut. Er war als Mitwisser, nicht etwa Mittäter, für öffentliche Auftritte in der SPD-Fraktion aus der Sicht der Genossen nicht tragbar und erhielt einen Arbeitsplatz in der Staatskanzlei. Der Ordnung halber sei angemerkt, daß auch Engholms Fahrer mit dem Machtwechsel wechselte, von der Fahrbereitschaft des Landtages zu der der Landesregierung. Und weil es kaum von politischer Relevanz ist, verzichten wir hier auch auf jede Nachfrage an Engholms Fahrer, wie es der neue Chef der Sozialdemokratie mit den von der Bundespartei stets geforderten Geschwindigkeitsbegrenzungen hält.

Die Karriere: »Ich kann mich doch nicht immer drücken!«

Als Nachfahre schwedischer Einwanderer wird Björn Engholm am 9. November 1939 in Lübeck geboren. Sein Vater, dem eine eher deutschnationale Einstellung nachgesagt wird, arbeitet als Speditionsangestellter bei den Marmeladenwerken in Bad Schwartau. Als Björn Engholm 15 Jahre alt ist, stirbt der Vater. Fortan lebt Engholm mit seiner Mutter (gestorben 1987) von einer bescheidenen Witwenrente. Nach der mittleren Reife verläßt er das Gymnasium und absolviert von 1959 bis 1962 eine Schriftsetzerlehre in einer Lübecker Druckerei. Nach der Gesellenprüfung bleibt er eine kurze Zeit seinem Beruf treu, unter anderem als Metteur bei einem sozialdemokratischen Blatt.

Die deutschnationale Überzeugung des Vaters wirkt bei Björn Engholm nicht nach. Ab 1959 engagiert er sich bei der IG Druck und Papier. Er entdeckt den Weg der Weiterbildung. Engholm besucht, nach viel politischer Lektüre, die Hamburger Akademie für Politik und Wirtschaft (1962–1964) und erwirbt als graduierter Sozialwirt die Hochschulreife. Anschließend beginnt er an der Hamburger Universität das Studium der Politik, Volkswirtschaft und Soziologie. Das Studium schließt er als Diplom-Politiloge ab. Danach arbeitet er als freier Journalist und als Dozent in der Jugend- und Erwachsenenbildung.

Seine ersten politischen Erfahrungen sammelt Björn Engholm als Hospitant bei den Jungdemokraten. Eine Liebe für die FDP entflammt dadurch jedoch nicht. Stattdessen beschließt er, 1962 der SPD beizutreten. Angesichts seiner Jugend – Engholm ist zu diesem Zeitpunkt gerade 23 Jahre alt – und der sich allerorts breitmachenden Proteststimmung der jungen Nachkriegsgeneration erstaunt es wenig, daß er sofort dem linken Flügel der SPD zugerechnet wird. Schnell macht Engholm innerhalb seines Ortsvereins Karriere. Bereits 1965 übernimmt er die Führung der Lübecker Jusos, deren Vorsitzender er bis 1969 bleibt. 1968 wird er zum nächsten Spitzenkandidaten des Wahlkreises elf (Lübeck) für die kommenden Bundestagswahlen vorgeschlagen. Dies kommt einer kleinen Sensation gleich, da er damit den langjährigen, wenngleich in letzter Zeit glücklosen Parteifreund Regling aus dessen angestammten Wahlkreis kegelt.

Björn Engholm nutzt die Chance und schafft es tatsächlich, bei den Bundestagswahlen 1969 den Wahlkreis zurückzuerobern, den er bis 1980 bei allen Wahlen gegenüber dem CDU-Kandidaten überlegen behauptet. Damit ist der Sprung nach Bonn geschafft – Engholm zieht als einer der jüngsten Politiker per Direktmandat in den Bundestag ein, damals knapp 30 Jahre alt.

In Bonn stürzt er sich vor allem auf den Bereich der Bildungspolitik und gewinnt als Berufsbildungssprecher seiner Fraktion Profil. Dennoch dauert es bis Anfang 1977, bis ihm von Herbert Wehner der wichtige Vorsitz des innen- und bildungspolitischen Arbeitskreises der SPD-Fraktion übertragen wird und Engholm somit erstmals in den Genuß höherer Weihen kommt. Engholm macht seine Sache gut, arbeitet zuverlässig und zielstrebig. Schon wenige Monate später, im Mai 1977, macht er einen weiteren, wichtigen Schritt auf der Karriereleiter: Peter Glotz, der bisherige Parlamentarische Staatsekretär im Bundesministerium für Bildung und Wissenschaft geht als Senator nach Berlin, und Bundeskanzler Helmut Schmidt bestimmt den jungen Lübecker zu dessen Nachfolger.

Von der Opposition wird die Benennung Engholms zum Parlamentarischen Staatssekretär als »personelle Garantie der Kapitulation Helmut Schmidts vor den linken Genossen aus Schleswig-Holstein« (so der CDU-Abgeordnete Reddemann) abqualifiziert. Positiv dagegen fällt das Urteil der *Süddeutschen Zeitung* aus: »Richtig ist wohl, daß die sozialdemokratische Führungsspitze auf den Sachverstand und das Engagement jener Gruppe, zu der auch Engholm zählt, nicht länger glaubt

Kaum wiederzuerkennen
Der junge Björn Engholm nach seinem Einzug in den Bundestag im Jahre 1969. (Ullstein)

verzichten zu können. Der 37jährige Abgeordnete aus Lübeck weiß, worauf er sich eingelassen hat.« Engholms Sachverstand und Engagement honoriert Jahre später selbst die konservative *Frankfurter Allgemeine Zeitung*, als sie ihm »zuverlässige Arbeit in der Gesetzgebung« attestiert.

Im Januar 1981 ergibt sich plötzlich eine neue Chance. Jürgen Schmude, der bisherige Bildungsminister und damit direkte Vorgesetzte Engholms wechselt ins Justizministerium. Für den nun vakanten Ministersessel im Bildungsministerium ist zunächst Anke Fuchs im Gespräch - doch die winkt dankend ab. Damit ist der Weg frei für Björn Engholm. Mit 41 Jahren wird der Lübecker neuer Minister im Bundesministerium für Bildung und Wissenschaft. Die Kulturhoheit der Länder gestattet jedoch auch dem neuen Bildungsminister Engholm nicht viel mehr als Anstöße, Ideen und Appelle. Dennoch tritt er hartnäckig für eine »Humanisierung der Bildungseinrichtungen« ein und kritisiert, daß Unterricht in Deutschland »so wenig vergnüglich« sei. Bei beginnender wirtschaftlicher Flaute versucht Engholm, durch Forcierung des Lehrstellenangebots Maßnahmen gegen die drohende Jugendarbeitslosigkeit zu treffen.

In der Endphase der sozial-liberalen Koalition, als sich SPD und FDP schon nicht mehr gewogen sind, zeigt sich die Durchsetzungskraft des sonst eher zurückhaltend wirkenden Politikers. Als die Liberalen im Zuge der Haushaltsberatungen das Bafög kürzen wollen, probt Engholm den Aufstand und droht mit seinem Rücktritt. Mit Erfolg: die Ausbildungsförderung wird nicht gekappt.

Nach dem Bruch der Koalition am 17. September 1982 nimmt Engholm für wenige Tage (17. September bis 1. Oktober) auch noch das Amt des Landwirtschaftsministers ein - als zweiter sozialdemokratischer Landwirtschaftsminister seit der Weimarer Republik. Für seine Begründung für diese Personalentscheidung erntete Schmidt damals im Bundestag tosendes Gelächter, als er feststellte: »Engholm versteht viel von Fisch«.

Ein Schritt auf der Karriereleiter
Björn Engholm nach der Vereidigung zum Bundesbildungsminister, zusammen mit seinem Vorgänger Jürgen Schmude und Bundeskanzler Helmut Schmidt. (AP)

Mit der Wahl Helmut Kohls zum Bundeskanzler, am 1. Oktober 1982, verliert Engholm seinen Regierungsposten. Jetzt kann sich Engholm seiner zweiten Aufgabe mit Nachdruck widmen: der Spitzenkandidatur bei den schleswig-holsteinischen Landtagswahlen vom 13. März 1983.

Bereits im März 1982 war Engholm von seiner Partei zum SPD-Spitzenkandidaten gekürt worden. Freilich erst, nachdem er schon seit April 1981, wenn auch etwas widerwillig, Bereitschaft gezeigt hatte, gegen den damaligen Ministerpräsidenten Stoltenberg anzutreten. Im Sommer 1981 spekulierte *Die Zeit* über die gründliche Vorbereitungsphase der Übernahme der SPD-Spitzenkandidatur in Schleswig-Holstein durch Björn Engholm: »Tief verwurzelt in seiner lübeckischen Heimat, weiß Björn Engholm genau, wie langsam und gründlich seine Landsleute alles angehen, so daß es nun angezeigt scheint, beizeiten mitzumischen. Und noch genauer weiß er, daß es sich seine schleswig-holsteinischen Genossen, kantig und eigensinnig wie alle dort, geradezu verbitten würden, womöglich jemanden als Nothelfer aus Bonn geschickt zu bekommen. (...) Eine solche Delegierung wäre in Schleswig-Holstein das glatte politische Todesurteil; da muß man schon aus Eigenem kommen«.

Doch Engholms Drang aus »Eigenem« nach Kiel zu gehen, hielt sich zu diesem Zeitpunkt noch in Grenzen: »Ich sitze mittlerweile elf Jahre in Bonn und sitze ja hier nicht schlecht (...), es ist nicht so, daß ich mich mit aller Macht darum reiße, nach Schleswig-Holstein zu gehen«.

(Süddeutsche Zeitung vom 12. August 1981)

Dennoch ließ er keine Zweifel aufkommen, daß er dem Wunsch der Partei, die Spitzenkandidatur in Kiel zu übernehmen, Folge leisten würde: »Ich kann mich doch nicht immer drücken«. *(Die Zeit vom 14. Januar 1981)*

Als dann klar wurde, daß der bisherige Spitzenmann Matthiesen auf eine weitere Herausforderung Stoltenbergs verzichten würde, sprang denn auch Engholm konsequent in die Bresche. Allerdings galt er zunächst als umstritten. Insbesondere bei den schleswig-holsteinischen Jusos traf er auf Ablehnung. Ihnen stieß sauer auf, daß er nicht bereit war, einen bedingungslosen Ausstieg aus dem AKW-Brokdorf zu fordern - so wie es der SPD-Landesverband tat. Engholm dagegen: »Wie kann jemand 1983, wenn er die Wahl gewonnen hat, aus Brokdorf aussteigen, wenn bereits Vorkosten da sind von einer dreiviertel Milliarde Mark?«

(Süddeutsche Zeitung vom 12. August 1981)

Einen zweiten Knackpunkt stellte seine unerschütterliche Loyalität gegenüber Helmut Schmidts NATO-Doppelbeschlußpolitik dar. Der bedingungslosen Ablehnung des Doppelbeschlusses hatte sich Engholm nie angeschlossen. Björn Engholm wußte, daß dies eine Thema ist, »das sowohl Taktik als auch Emotionen, als auch Ideologien in Gang setzt«.

(Süddeutsche Zeitung vom 12. August 1981)

Doch sein seit Beginn seiner politischen Karriere vorzufindender Charakterzug, sich nie von einem Parteiflügel in Beschlag nehmen zu lassen, bescherte ihm auch diesmal Erfolg. Engholms Weigerung, sich jede Parteithese zu eigen zu machen, schadete seinem Ansehen bei seinen Parteifreunden - abgesehen von den Jusos - letztendlich nicht.

Mit 97 Prozent der Delegiertenstimmen wird Engholm im November 1982 offiziell zum Spitzenkandidaten seiner Partei gewählt. Zudem kann er sich der vollen Unterstützung des SPD-Landesvorsitzenden Jansen und des in der Vergangen-

Der Stolz der Familie
Zusammen mit seiner Frau, seinen Töchtern und einem Neffen strahlt der neu gewählte Ministerpräsident um die Wette (1988). (dpa)

heit zweimal an Stoltenberg gescheiterten Matthiesen sicher sein.

Allerdings muß Engholm nicht gegen den langjährigen Ministerpräsidenten Gerhard Stoltenberg, der als Finanzminister nach Bonn bestellt wird, antreten, sondern gegen den CDU-Aufsteiger Uwe Barschel, der, ebenso wie Engholm, auf seine »Jugendlichkeit« setzt. Der große Erfolg bleibt für Engholm zunächst aus - gegen Uwe Barschel zieht er den Kürzeren. Zwar erreicht die SPD bei der Wahl am 13. März 1983 mit 43,7 Prozent ihr bis dahin bestes Wahlergebnis, doch auch die CDU kann um 0,7 Prozent auf 49 Prozent zulegen und erreicht die absolute Mandatsmehrheit. Bitter stellt sich das Wahlergebnis für die FDP dar, die mit 2,2 Prozent der abgegebenen Stimmen die Fünf-Prozent-Hürde nicht nimmt. Die zersplitterten Grünen schaffen den Sprung ins Parlament ebenfalls nicht. Da die SPD in Bonn nicht mehr die Regierung stellt, bleibt Engholm wohlweislich in Kiel und drückt nun als Fraktionsvorsitzender seiner Partei die harte Bank des Oppositionsführers - was sich schon bald bezahlt machen sollte.

Denn schon bei den Kommunalwahlen im März 1986 macht sich ein Abwärtstrend der CDU bemerkbar - sie fällt landesweit von 50,1 Prozent (1982 auf 44,2 Prozent zurück - während die SPD von 34,6 Prozent auf 40,3 Prozent aufholt. Offenbar wirkt sich dieses Wahlergebnis nachhaltig auf Uwe Barschel, den amtierenden Ministerpräsidenten, aus, der nach 38 Jahren CDU-Herrschaft mit allen Mittel verhindern will, daß in Zukunft ein »Sozi« die Geschäfte des Landes leitet. Im darauffolgenden Landtagswahlkampf von 1987 schreckt er zusammen mit seinem Pressereferenten Pfeiffer auch vor persönlichen Verunglimpfungen Engholms nicht zurück. Sie reichen von der Denunziation der Steuerhinterziehung bis zum AIDS-Verdacht. Die in die Geschichte eingegangene Barschel/Pfeiffer-Affäre erschüttert die demokratischen Grundfesten der Bundesrepublik nachhaltig.

Einen Tag vor der Landtagswahl wird bekannt, daß der *Spiegel* in seiner nächsten Ausgabe von »Barschels schmutzi-

Symbolträchtig

Wie hier, bei einem Wettkampf zur Erlangung des Goldenen Sportabzeichens, ist auch das Tempo seiner Karriere: Sprint statt Marathon, aber fair bleiben (1989). (AP)

gen Tricks« - so die Titelgeschichte des *Spiegel* - berichten wird. Der Wahlausgang wird dadurch zwar nur unwesentlich beeinflußt, der politische Skandal nimmt in der Folgezeit jedoch ungeahnte Ausmaße an. Trauriger Höhepunkt ist der (wahrscheinliche) Selbstmord Uwe Barschels in einem Genfer Hotel am 11. Oktober 1987.

Als Folge des Wahlergebnisses, welches ein politisches Patt erzeugt hatte (CDU 33, SPD 36, SSW 1 und FDP 4 Mandate, wobei der SSW-Abgeordnete Meyer der CDU/FDP-Koalition seine Stimme verweigert), einigen sich die Parteien auf Neuwahlen des Landtags.

Nach einem mit bemerkenswerter Fairneß geführten Wahlkampf, der sogar als »Schmusewahlkampf« bezeichnet wird, zieht am 31. Mai 1988 Björn Engholm als Ministerpräsident von Schleswig-Holstein in das Kieler Landeshaus ein. Mit nie erwarteten 54,8 Prozent der Stimmen (46 Mandate) gewinnt die SPD die absolute Mehrheit, wohingegen die CDU mit ihrem Spitzenkandidaten Heiko Hoffmann lediglich auf 33,3 Prozent der Stimmen (27 Mandate) kommt. FDP (4,4 Prozent) und Grüne (2,9 Prozent) bleiben abermals vom Landtag ausgeschlossen.

Björn Engholm ist an seinem Ziel. Nach 38 Jahren CDU-Herrschaft sitzt nun die SPD am Ruder, wenngleich dem Erfolg der Makel anhaftet, vor dem Hintergrund der unsäglichen Machenschaften des CDU-Politikers Barschel zustandegekommen zu sein.

Auf »höchstens 49 Prozent« habe er getippt; »54,8 Prozent sind ein Riesenvertrauensvorschuß«, jubelt er noch in der Wahlnacht, ohne jedoch, angesichts der desolaten Finanzsituation, den Sinn für das Machbare zu verlieren: »Wenn ich angesichts der Probleme und der Verschuldung des Landes 70 bis 80 Prozent einlösen kann, wäre das ein großer Erfolg.« Und er weiß: »Dieses Land ist kein sozialdemokratisches, sondern ein mehrheitlich konservativ strukturiertes Land. Erst die nächste Wahl wird erweisen, ob wir die Wähler von uns überzeugt haben.«

Engholm sorgt zunächst für frischen Wind im Land zwischen Nord- und Ostsee. Symptomatisch für seinen Regierungsstil stehen einige Entscheidungen zu Beginn seiner Amtszeit. Vier Frauen nimmt er in sein neunköpfiges Kabinett auf - Marianne Tidick (Bundesangelenheiten), Gisela Böhrk (Frauen), Eva Rühmkorf (Kultus) und Heide Simonis (Finanzen) - und stattet sie, um der Gleichberechtigung auch in der Praxis eine Chance zu geben, mit einem Vetorecht gegen frauendiskriminierende Gesetze aus. Auch sägt er den bis dahin rigoros exerzierten Radikalenerlaß ab: Eine Regelanfrage beim Verfassungsschutz vor Übernahme eines Bewerbers in den öffentlichen Dienst soll es in Zukunft nicht mehr geben.

Für die kommende Legislaturperiode nimmt sich Engholm viel vor: Die Finanzen sollen saniert, der Ausstieg aus der Kernenergie vorangetrieben werden; eine Arbeitsplatzoffensive wird ebenso wie eine Schulreform angekündigt. Vor allem aber soll sich der Regierungsstil im nördlichsten Bundesland ändern: Im Gegensatz zu seinen christdemokratischen Vorgängern soll die parlamentarische Willensbildung durch Konsens der Gruppen, Bürgerbeteiligung und Hinzuziehung der Wissenschaft entstehen. Eigenmächtige, autoritäre Direktiven von oben sollen vermieden werden. Doch schon bald macht sich erste Kritik aus den eigenen Reihen breit. Engholm wäre in der Umsetzung der angestrebten Ziele zu zögerlich, zu sanft, zu vorsichtig, heißt es. Viele Genossen würden sich deutlichere Wendezeichen wünschen, wollen, daß der »Besen kräftiger kehrt«, wie es der SPD-Fraktionschef Gert Börnsen ausdrückt. Engholm dagegen will »die Wurzeln so setzen, daß die Pflanzen möglichst lange blühen«. Letztendlich beschert ihm sein »sanfter Weg« Erfolg - trotz mancher Rückschläge in der Landespolitik. Denn ohne seine eigenwilligen, »gesund« erscheinenden Vorstellungen von »Politikmachen« hätte Engholm den bisher letzten großen Schritt auf der Karriereleiter wohl nicht geschafft - die Übernahme des Parteivorsitzes der Bundes-SPD im Mai 1991. *(js)*

Schleswig-Holstein: Land zwischen Nord- und Ostsee

Schleswig-Holstein ist das nördlichste Bundesland der BRD. Im Osten und Westen eingegrenzt durch Ost- und Nordsee stößt es im Norden an Dänemark, im Süden an Niedersachsen und Hamburg und im Südosten an Mecklenburg-Vorpommern. Sowohl flächenmäßig (15 728 Quadratkilometer) als auch von der Einwohnerzahl her (2,6 Millionen) ist es eines der kleinsten der 16 Bundesländer. Die Bevölkerungsdichte beträgt 163 Einwohner pro Quadratkilometer. Der Sitz der Landesregierung ist Kiel, im Bundesrat ist Schleswig-Holstein mit vier Stimmen vertreten.

Politisch gilt Schleswig-Holstein als konservativ, wenngleich seit 1988 die SPD mit Björn Engholm an der Spitze des Landes steht. Bis zu diesem Zeitpunkt stellte ausschließlich die CDU den Ministerpräsidenten, abgesehen von den Jahren 1947 bis 1949, als (noch unter der Militärregierung) die SPD mit Hermann Lüdemann die (eingeschränkte) Führung im Lande hatte.

Wirtschaftlich hat Schleswig-Holstein unter dem vorherrschenden Nord-Süd-Gefälle zu leiden. Noch immer steht die Wirtschaft im Vergleich zu den anderen Bundesländern verhältnismäßig schlecht da: Einem Zuwachs des inländischen Bruttosozialprodukts (BIP) Schleswig-Holsteins von 0,9 Prozent (1987), 3,0 Prozent (1988) und 1,9 Prozent (1989) stehen Wachstumsraten von 1,8 Prozent, 3,7 Prozent und 3,4 Prozent im Durchschnitt aller Bundesländer gegenüber. Auch die durchschnittliche Arbeitslosenzahl von zehn Prozent (Stand Juni 1990) weist auf die wirtschaftlichen Probleme des Landes hin. Vor allem der Anpassungsprozeß der traditionellen schleswig-holsteinischen Wirtschaftszweige (Landwirtschaft, Schiffbau und Bauwirtschaft) an den Strukturwandel bringt große

Schwierigkeiten mit sich. Fehlende Beschäftigungsalternativen an den entsprechenden Standorten erschweren den Anpassungsprozeß.

In diesem Zusammenhang macht sich ein zweites Problem bemerkbar: Noch immer glaubt die Industrie kaum an Schleswig-Holstein als attraktivem Industriestandort.

Um dem Abhilfe zu schaffen, wurde seit den siebziger Jahren immer wieder der Begriff »Nordstaat« ins Spiel gebracht. Mit der Vereinigung von Schleswig-Holstein und Hamburg und/oder weiteren Bundesländern (Niedersachsen) sollte ein wirtschaftliches Gegengewicht gegen den starken Süden (Bayern und Baden-Württemberg) geschaffen werden. Doch dieser Gedanke galt lange Zeit als Utopie. Inzwischen hat die Idee neuen Wind erhalten. Im Zuge der Wiedervereinigung trat Engholm für einen Zusammenschluß der Länder Hamburg, Schleswig-Holstein und Mecklenburg-Vorpommern ein. Den rechtlichen Rahmen hätten Artikel 23 und 29 des Grundgesetzes bilden können.

Wenngleich es während des Wiedervereinigungsprozesses nicht zur Bildung eines neuen deutsch-deutschen Nordstaates kam, ist der Gedanke noch nicht aus der Welt geräumt. Eine Vereinigung der drei genannten, allesamt finanzschwachen Länder stellt im Hinblick auf den Europäischen Binnenmarkt und dem Nord-Süd-Gefälle sicherlich eine überlegenswerte Alternative dar. Vorteilhaft wäre dabei die Nutzung der Brückenfunktion dieser Region zwischen Nord und Süd, Ost und West. Chancen für einen solchen Nordstaat wachsen auch aus Überlegungen, die gesamte Länderstruktur der Bundesrepublik neu zu gliedern (so wird z. B. über einen Südweststaat nachgedacht, zusammengesetzt aus dem Saarland, Hessen und Rheinland-Pfalz). Der Hamburger Bürgermeister Vorscherau signalisierte zumindest im März 1990 grünes Licht für derartige Pläne. *(js)*

Kraft tanken
Björn Engholm stärkt sich im Sommer 1987 auf der Nordsee-Hallig Südfall für den bevorstehenden Wahlkampf.
(Süddeutscher Verlag)

Im Spiegel der Presse: »Ohne Ecken und Kanten«

»Ein Mann, der die Sehnsucht der Sozialdemokraten nach Geborgenheit stillen soll: Der designierte SPD-Vorsitzende Engholm.« *(Süddeutsche Zeitung vom 23. Januar 1991)*

»Der kühle Klare von der Küste.« *(interpress Nr. 29/1989)*

»Björn Engholm, Politiker, Pfeifenraucher, Kunstsammler und Hoffnungsträger aller ›Nordlichter‹.« *(interpress Nr. 29/1989)*

»Lieber Björn, Du bist der Hoffnungsträger unserer Partei. Du wirst als Parteivorsitzender von uns Solidarität erfahren. Wir werden Dir auch in schweren Stunden beistehen. Du bist auch die Hoffnung vieler junger und alter Menschen auf eine neue politische Kultur - Du verkörperst die Politik als Kultur.«

(Helmut Jung, nach Süddeutsche Zeitung vom 23.Januar 1991)

»Über den künftigen Parteivorsitzenden hat man in der SPD dezidierte Ansichten. Die einen halten Engholm für einen fraglos über den Durchschnitt begabten, auch mit Machtinstinkt ausgerüsteten Macher, der Sinn für Moderne Kunst hat und seine Freundschaft mit Günter Grass nicht ungern auch vorzeigt, dessen Talente im Amt eines ›Landesfürsten‹ allerdings adäquat genutzt sind.

Die anderen, zu denen auch Helmut Schmidt zählt, erkennen in dem unentwegten Pfeifenraucher einen Pragmatiker, der als Führungsgestalt vermutlich nicht bisher verborgen gebliebene Qualitäten offenbaren wird, der aber dank seiner geradlinigen Art und seines offenen Wesens durchaus Chancen hat, als Moderator zwischen den verschiedenen Strömungen innerhalb der deutschen Sozialdemokratie Gutes zu stiften. (...)

Engholm ist ein Mann, nur darin dem geschlagenen Kanzlerkandidaten ähnlich, der sich von der Politik nicht zerreiben lassen will, kein Workoholic wie Schmidt. Er beansprucht ein Recht auf Muße, ohne die kreatives Denken auch in der Politik kaum gelingen kann. Politiker dieser Konstitution könnten den Deutschen eigentlich gut tun. Ob sie ihnen dann auch folgen, ist einstweilen ungewiß.«

(Klaus Bölling, nach Die Weltwoche vom 13. Dezember 1990)

Hoffnungsträger, Pfeifenraucher, Bohemien

»Und immer - vor 20 Jahren als Juso mit der schwarzen Haarpracht im Stil des Mittelstürmers Gerd Müller oder heute als 51jähriger mit dem angegrauten Schopf à la John F. Kennedy - umweht ihn jene gefällige leicht buddenbrooksch gestylte Aura, die sein Markenzeichen ist: eine Mischung aus dröger Melancholie und jungenhaftem Charme, aus elitärem Bohemien-Gestus und hausväterlichem Pragmatismus. Überlagert aber wird sie von einer volkshochschulpädagogischen Vernünftigkeit, die erst beeindruckt und dann schnell langweilt.

Hätte Björn Engholm nur nicht immer so ungeheuer recht. Was er sagt, ist so richtig, daß es anzustecken scheint. Nahezu jeder, der sich mit dem SPD-Chef länger - was immer auch heißt, tiefer und das Leben anphilosophierend - unterhalten hat, ist mit der zufriedenen Erkenntnis geschieden, daß er selbst und Björn Engholm die Welt verdammt richtig sehen. Machen Sie eine typische Bewegung nach einer Begegnung mit dem Kandidaten? Richtig: Nicken. (...)

Mit sichtlichem Behagen erzählt Engholm von Schlüsselerlebnissen in der Provinz. Wie er - auf Wunsch der lokalen Parteigrößen - den wahlkämpfenden baden-württembergischen Genossen in Lahr unlängst etwas vom sozialen Elend in der BRD habe erzählen sollen und statt dessen vorschlug, ›bei einem Glas Wein über Kultur in der Stadt zu reden‹. Rappelvoll sei die Veranstaltung gewesen - zur Hälfte alte Sozialdemokraten, die ihn mißtrauisch beäugten: ›Was bist Du denn für'n komischer Sozi?‹ Die andere Hälfte habe aber aus Leuten bestanden, ›die haben die noch nie bei einer SPD-Veranstaltung gesehen‹.

Oder er schwärmt von Lesungen und Diskussionsveranstaltungen mit dem Schriftsteller Jurek Becker. Mit solcher ›Veranstaltungskultur‹ sei nicht nur das junge Publikum für die SPD zurückzugewinnen, sondern auch die ›mehr oder weniger politisch harmlose Kulturszene‹.

Richtig aufgedreht wirkt Björn Engholm, wenn er sich zu solchen Visionen versteigt. Essen ist Kultur, Muße ist Kultur, Gespräche sind Kultur. Plötzlich beginnt zwischen dem Kandidaten und den Bildern befreundeter Maler, die sein Büro zieren, eine Wechselbeziehung lebendig zu werden. Sätze werden glaubhaft, die ohne diesen atmosphärischen Zusammenhang wie Zitate aus Kunstkatalogen klingen. ›Kunst macht die Wahrnehmung breiter. Sie stärkt die sensiblen Potentiale. Und das ist lebenswichtig in einer Zeit, die sich immer mehr von kühler Nützlichkeit leiten läßt.‹ Und überzeugt und überzeugend fügt das Barschel-Opfer hinzu: Kaum jemand sei von dem Sog in ein stromlinienförmig angepaßtes Karriere- und Zweckdenken so gefährdet wie Politiker. Nicht zuletzt deshalb müsse auch Politik Kultur sein.«

(Der Spiegel vom 17. Dezember 1990)

Politik als Kultur

»In Björn Engholm kann sich die ganze Partei wiedererkennen.« *(Hans-Jochen Vogel, nach Der Spiegel vom 17. Dezember 1990)*

»Einmal in Fahrt gekommen, wirkt Björn Engholm irritierend vernünftig bei seinen Tagträumereien.«

(Der Spiegel vom 17. Dezember 1990)

»Es ist eine moderne Symbolfigur, an der es der Partei *(der SPD, Anm. der Red.)* in erster Linie mangelt, glaubt Engholm. Und da fühlt sich, überraschend genug, der stets betont bescheiden auftretende Beau aus Kiel nun gewiß nicht als schlechteste Wahl. Denn weder in der praktischen Programmatik – da liegt er ziemlich genau auf der Linie seines ›Freundes‹ Oskar Lafontaine, dem er derzeit freilich nicht allzu freundschaftlich verbunden ist – noch in der gesellschaftlichen Theorie sieht Björn Engholm größere Defizite. Im Gegenteil: ›Da ist die SPD eher vor der Zeit.‹

Woran es der Partei hingegen nach seiner Einschätzung derzeit mangelt – seit der deutschen Einheit mehr denn je –, das ist die Fähigkeit, kulturell angemessen einer Gesellschaft zu begegnen, die sich in viele Lebensstile, unterschiedliche Entwicklungstempi und widersprüchliche Werthaltungen auseinanderentwickelt hat. ›Wir neigen dazu, diese Individualisierung zu sehen und zu sagen: Das ist ja alles ganz furchtbar.‹ (...)

Wir, die SPD, ja. Er, Björn Engholm, nicht. (...)

Im Gegenteil. Der in seiner netten Art und mit seinen adretten Sätzen auf die Dauer eher dröhnige Kandidat gerät für norddeutsche Verhältnisse geradezu in Wallung, sobald das Schlüsselwort ›Kultur‹ gefallen ist. Es ist sein Schlüsselwort.«

(Der Spiegel vom 17. Dezember 1990)

Faulenzer und Schickimicki-Hedonist

»Den Ruf eines smarten Faulenzers und Schickimicki-Hedonisten verliert er bei den Genossen in Kiel erst heute.«

(Der Spiegel vom 17. Dezember 1990)

»Bitte, Björn, mach das, Du bist der Beste für uns.«

(Hans-Jochen Vogel, nach Stern vom 13. Dezember 1990)

»Björn Engholm ist an einem Ziel, von dem er selbst nicht wußte, ob es das seine sein sollte. (...)

Engholm fehlen die ›Ecken und Kanten‹, die angeblich eine positive Eigenschaft des Politikers sind, in Wahrheit aber viele abschrecken. Er versteht es, Nachdenklichkeit vorzuführen, hat keine Schwierigkeiten im Umgang mit ›Andersdenkenden‹.

(Frankfurter Allgemeine Zeitung vom 12. Dezember 1990)

Zeit zur Muße
Gern nimmt sich Björn Engholm die Zeit für Entspannung und Müßiggang, wie hier im Park des Herrenhauses Salzau. (dpa)

»Er verkörpert in mancher Hinsicht ein glattes Kontrastprogramm zu dem vorerst gescheiterten Kandidaten von der Saar: Engholm wird ein eher ausgleichendes Temperament attestiert, ein ruppiger Machtinstinkt scheint ihm fremd, und auf bürgerliche Kreise wirkt er sicher nicht so sprunghaft wie der Chef-Enkel aus der südwestdeutschen Grenzregion.«

(Stuttgarter Nachrichten vom 11. Dezember 1990)

»Engholm wird erst noch Navigationstalent beweisen müssen. Fest steht: Bisher hat der schicke Fünfziger sich weder als besessener Arbeiter noch als großer Stratege hervorgetan.

Genau eine solche Doppelbegabung wäre aber gefragt: Die Volkspartei SPD hatte auf Bundesebene immer nur dann Regierungschancen, wenn sie mit Visionen aufwarten konnte - siehe Brandt. Letztere werden auch Engholms malerische Pfeifenrauchkringel nicht ersetzen können.

Einer zumindest dürfte jetzt glücklich sein: Oskar Lafontaine. Der stark ramponierte Ex-Hoffnungsträger freut sich vermutlich schon darauf, je nach Laune aus Saarbrücken Donnerkeile in Richtung Bonn zu schleudern und damit jeden möglichen Zickzackkurs einzuschlagen, nach dem ihm gerade zumute ist. Engholm, in Lafontaines Augen wohl eher eine elegante Gallionsfigur denn ein Kapitän, wird kaum gegenhalten können.« *(Münchner Merkur vom 11. Dezember 1990)*

»Es wird über seine Betulichkeit hergezogen, sein Sinn für Ästhetik und Moral, seine Liebe zu Musik, Kunst und Büchern wird belächelt. Im kleinen Land des ›fahnenflüchtigen‹ Oskar Lafontaine wird das ›Schlafbedürfnis‹ des Nordländers verspottet und es gehört nicht viel Phantasie dazu, daß wohl auch der Frühaufsteher und Nachtarbeiter Hans-Jochen Vogel sich so seine Gedanken über die Tugenden seines Nachfolgers machen dürfte. Man irrt sich aber, wenn man dahinter Abneigung gegen das Detail vermute. Engholm kann sehr böse werden, wenn er sich schlecht informiert fühlt. Er ähnelt in dieser Beziehung ein wenig dem amtierenden Kanzler, der das Gespräch dem Aktenstudium vorzieht.«

(Stuttgarter Zeitung vom 11. Dezember 1990)

Mann des Ausgleichs

»Im Land zwischen Nord- und Ostsee hat sich Engholm als Mann des Ausgleichs entpuppt, bemüht, auch jene Bürger nicht vor den Kopf zu stoßen, die eine andere Partei gewählt haben. (...)

Der Mann aus dem Norden bleibt immer Mensch, nicht ohne Distanz gegenüber jenen, die ihm allzu jovial auf die Pelle rücken wollen, aber doch stets verbindlich und ohne Hochmut. (...) Brandts schönster Enkel!«

(Stuttgarter Nachrichten vom 7. Dezember 1990)

»Engholm muß die Macht nicht suchen – sie findet ihn. Ein typischer Machtmensch sieht so eigentlich nicht aus.«

(Frankfurter Rundschau vom 7. Dezember 1990)

Unters Volk...

... – hier sogar unter das Hühnervolk – mischt sich der im Wahlkampf befindliche SPD-Politiker gerne. (Keystone)

»Wer als Politiker etwas auf sich hält (und wer täte das nicht!) veröffentlicht ein Buch. Die weniger Strebsamen lassen sich befragen oder geben eine Anthologie ihrer Reden heraus. Einige jedoch schreiben sogar selbst. In den meisten Fällen sind diese Werke das Papier nicht wert, auf dem sie gedruckt wurden, dienen sie doch mehr der Befriedigung der persönlichen Eitelkeit als der Vermittlung von kostbarem Herrschaftswissen oder der Verbreitung gewichtiger politischer Perspektiven. (...)

Man konnte also neugierig sein, was Björn Engholm, Ministerpräsident von Schleswig-Hostein und unbestrittener Star im SPD-Establishment, der Welt in seinem ersten Buch mitzuteilen hat.

Vielleicht war ihm die Ambivalenz seines Unterfangens bewußt, vielleicht kokettiert er auch nur mit seiner Autoreneitelkeit: ›Einfach ein Sachbuch über Politik‹ habe er geschrieben. Was sich dann freilich über 240 Seiten hinzieht, ist eine in ihrer Unverfrorenheit schon wieder bewundernswerte Aneinanderreihung von Banalitäten, Phrasen und intellektuellem Getue ohne jeden Tiefgang. (...)

Daß ihm dann und wann die parteipolitische Brille die Sicht auf die wahren Verhältnisse verstellt, (...) wäre noch verzeihlich.

Kaum nachzusehen ist Engholm jedoch, daß er selbst konzeptionelle Ansätze, die eine vertiefende Diskussion lohnen würden, mit sprachlichem Sperrmüll zuschüttet. (...) Wie schreibt Engholm über den Politiker? ›Und so, wie er für sein Handeln verantwortlich sein sollte, so sollte er auch für seine Sprache haften.‹ Der ›öffentliche Gebrauch der Vernunft‹ hätte es erfordert, dieses Buch nicht zu veröffentlichen.«

(Der Rheinische Merkur vom 21. September 1990 in einer Rezension über Engholms Buch: »Vom öffentlichen Gebrauch der Vernunft«)

Sozialist in Bügelfalten

»Ein Frauen-Typ, der schöne Künste liebt.«

(Bild am Sonntag vom 29. April 1990)

Ein Mann mit Eigenschaften

Im Sommer 1990 wird Björn Engholm von Zimmerleuten einer Baustelle in Norderstedt zum Ehren-Zimmermann ernannt.

(AP)

»Ein Sozialist in Bügelfalten.« *(Der Spiegel vom 27. März 1989)*

»Björn Engholm kann beides, reden und zuhören, ungewöhnlich heutzutage.« *(Welt am Sonntag vom 12. März 1989)*

»Er will kein so Unnahbarer sein wie Uwe Barschel, sein Vorgänger im Amt, der Land und Leute mit Sonnengott-Attitüden regiert hat.« *(Stern vom 20. Oktober 1988)*

»Seine gleichbleibende Freundlichkeit ist die Waffe, mit der er die Leute von sich fernhält.«

(Eine seiner vier Minister/innen im schleswig-holsteinischen Kabinett, nach Stern vom 20. Oktober 1988)

»Man glaubt ihm, daß ihn die Benachteiligung von Minderheiten, die Diskriminierung Schwacher und materielle Ungerechtigkeit erbittern. (...)

Auf dem Gebiet der schönen Dinge des Lebens ist Engholm ein Meister der Selbstdarstellung.

Engholm, der Gourmet, der vor einer Kabinettssitzung schon mal mit seiner Frauenministerin Gisela Böhrk darüber diskutiert, ob eine Hammelkeule bei 160 oder 180 Grad im Umluftofen zu garen sei.

Engholm, der Ästhet, für dessen weiß-grau eingerichtetes Büro in der Staatskanzlei, drastisch aufgehellt nach der Düsternis der Barschel-Jahre, eine Gärtnerei jeden Montag zwei Blumensträuße bringt.

Engholm der Weinkenner, der genießerisch schnüffelt, schlürft und schmatzt, Engholm, der Kunstsammler, mit einem Faible fürs Abstrakte und Engholm, der Musikfreund, mit einer breiten Palette von Klassik bis Jazz. (...)«

(Stern vom 20. Oktober 1988)

Der ›schöne‹ Björni

»Vor allem die Frauen im Lande mögen den ›schönen Björni‹.« *(Stern vom 20. Oktober 1988)*

Der »schöne Björni« und die Frauen
Viele Fauen halten ihn für den bestaussehendsten Politiker der BRD. Ob dies Christa Randzio-Plath, Europawahlkandidatin der SPD, ebenso sieht? (dpa)

»Er sollte verstärkt in der Gesamtpartei mitmischen, seine Erfahrungen einbringen und mithelfen, daß der in erster Linie durch ihn geprägte Stil auch in der Bundesrepublik Widerhall findet.«

(Gode Japs, stellvertretender Chefredakteur von Vorwärts, nach Frankfurter Rundschau vom 16. Mai 1988)

»Björn Engholm - ein Mann mit Eigenschaften.«

(Stuttgarter Zeitung vom 9. Mai 1988)

»Engholms Erfolgsgeheimnis liegt wahrscheinlich darin, daß er auf die elende Poitiker-Unart verzichtet, den Leuten nach dem Munde zu reden. Er macht keine wahltaktischen Konzessionen.« *(Stern vom 10. März 1988)*

»Björn Engholm ist nicht ohne Ecken und Kanten, aber kein aufbrausender Star, sondern geschmeidig und rollenbewußt. Dort wo er politisch gefordert wird, besteht er normalerweise. (...)

Engholms Waffe ist die schnelle, klare, verständliche Sprache. Das Norddeutsche schneidet ohnehin schärfer als das süddeutsch geführte Wort, aber bei ihm kommt noch die Begabung hinzu, Gedanken spontan ausformulieren zu können, eine Fähigkeit, die manche Politiker niemals vollkommen erlernen.« *(Süddeutsche Zeitung vom 12. August 1981)*

»Die Arbeitswelt kennt Björn Engholm besser als viele seiner Freunde vom linken Spektrum der SPD, die vorwiegend von der Atmosphäre der Hochschule geprägt wurden. Er begreift sich auch nicht als ein Theoretiker, sondern als ein ›lernfähiger Pragmatiker‹.« *(Süddeutsche Zeitung vom 28. Mai 1977)*

Engholm über …

… Engholm

»Neulich hat mal jemand gesagt, ich würde mich als Galerist eignen. Jemand anderes meinte, ich könnte einen großen Verband oder eine Gewerkschaft führen. Noch jemand anderes schrieb, ich könnte gut ein mittelständisches Unternehmen führen. Das hat mich sehr gefreut. Ich hätte also Alternativen.« *(Bunte vom 27. Dezember 1990)*

»Ich bin kein Mann der Tabula rasa.«
(Frankfurter Allgemeine Zeitung vom 12. Dezember 1990)

»Es ist ja nichts schlechtes, daß die Leute einen für einen sympathischen Menschen halten.«
(Der Spiegel vom 27. März 1989)

»Vielleicht tauche ich in der Öffentlichkeit anders auf, als andere Politiker. Ich gebe mich, wie ich bin, man kann sich ja sowieso nicht ständig voneinander trennen, das wäre verlogen, das spüren die Leute, ich bin halt wohl nicht so gelackt.«
(Welt am Sonntag vom 12. März 1989)

»Ich bin häufig zu geduldig und manchmal leider auch zu kompromißbereit.« *(Stern vom 20. Oktober 1988)*

»Wenn ich schon wolkig bin und zukunftsschwanger: Ich glaube daran.« *(Der Spiegel vom 16. Mai 1988)*

»Ab Vierzig habe ich gemerkt, daß man nicht mehr ungestraft trinken und länger aufbleiben kann.« *(Quick vom 20. März 1988)*

»Ich kann mich doch nicht immer drücken.«
(Die Zeit vom 14. Januar 1981)

… den Norden

»Wir brauchen eine neue Identität - wir brauchen den Norden.« *(interpress Nr. 29/1989)*

»Wir Norddeutschen brauchen immer etwas länger, um zu einem so sanften Gefühl wie Freude zu kommen.« *(Bild vom 28. Dezember 1990)*

»Wer seine eigene Heimat liebt, weiß auch die anderer zu schätzen.« *(Bild vom 28. Dezmeber 1990)*

»Das Schönste, wovon ich träume, ist, daß jeder zweite in Schleswig-Holstein selbst etwas tut, nicht nur Zaungast ist, sondern selbst etwas macht: malt, musiziert, plattdeutsch snackt oder einfach nur spazieren geht - mit Genuß spazieren geht.« *(Stern vom 10. April 1988)*

… die Musse

»Es wird mir mitunter aus einem falschen Verständnis heraus vorgeworfen, ich kokettiere ein bißchen mit der Notwendigkeit geistig erfüllter Muße. Muße gilt ja bei uns komischerweise als eine Art Müßiggang. Daß Muße etwas Hochanspruchvolles sein kann, das zur Regeneration führt, wird noch nicht überall gesehen.« *(Süddeutsche Zeitung vom 26. Januar 1991)*

»Ein Stück Gemütlichkeit im guten Sinne gehört dazu, wenn man zu einer fruchtbaren Arbeit kommen will.« *(Bild vom 28. Dezember 1990)*

»Nichtstun kann eine unglaublich sinnvolle Beschäftigung sein.« *(Der Spiegel vom 17. Dezember 1991)*

»Würde ich nur Politik machen, tagaus, tagein, dann würde ich verdorren.« *(Stern vom 10. April 1988)*

Kämpferisch
So sieht man ihn selten: Energisch gibt sich Björn Engholm in einer Ansprache zum hundertjährigen Jubiläum des 1. Mai-Feiertags, dem »Tag der Arbeit«, auf dem Lübecker Rathausmarkt.

(dpa)

... Utopien und Kultur

»Ich habe immer noch dieselbe begrenzte Utopie wie in den sechziger Jahren. Die großen Werte und Fragen sind zum Teil dieselben geblieben: Wie entwickelt man Demokratie weiter, organisiert beispielsweise mehr Bürgerbeteiligung? Die Frage des Zugangs zur Kultur. Die Frage des Sozialsystems und der sozialen Strukturen weltweit. Die Frage der Menschenrechte und einer friedfertigeren Weltordnung. Nicht zuletzt die Frage des ökologischen Umbaus.«

(Die Tageszeitung vom 19. Februar 1991)

»Die eigentliche Kunst liegt heutzutage darin, die geistige Herausforderung, die ästhetische Belebung oder was immer der einzelne für sich für notwendig hält, in den Alltag zu integrieren. Es gibt viele, die die hohe Kunst der Integration von Kultur und Alltag beherrschen, an denen will ich mir ein Beispiel nehmen.« *(Süddeutsche Zeitung vom 26. Januar 1991)*

»Kunst macht die Wahrnehmung breiter. Sie stärkt die sensiblen Potentiale. Und das ist lebenswichtig in einer Zeit, die sich immer mehr von kühler Nützlichkeit leiten läßt.«

(Der Spiegel vom 17. Dezember 1990)

»Unsere Aufgabe ist es, zu verhindern, daß primitive Gewalt und kulturelle Ignoranz jemals wieder die Oberhand gewinnen. (...) Das Ziel unserer Entwicklung, auf das unsere politische Arbeit auszurichten ist, heißt ›Kulturdemokratie‹.«

(Börsenblatt vom 6. Juli 1982)

»Einer kann heute nicht alles wissen, deshalb muß der Sachverstand aller übrigen einbezogen werden.«

(Bild vom 28. Dezember 1990)

»Was mich so unglaublich bedrückt ist der geistige Stillstand in dieser Republik. Es findet nichts statt. Stagnation ist der

Der Duft des Sieges
Björn Engholm auf der Wahlparty vom 8. Mai 1988, nachdem die ersten Ergebnisse eine absolute Mehrheit der SPD voraussagen. Neben ihm seine Frau, die zukünftige First Lady in Kiel.

(Keystone)

vornehmste Begriff, den ich dafür finde. (...) Verrückte Ideen und Utopien sind doch verpönt. Aber wir müssen uns den Dingen zuwenden, die weit, weit voraus liegen. Radikales Denken ist das einzige, was uns auf Dauer weiterbringt.«

(Stern vom 10. April 1988)

»Mitte ist, wenn man es im politischen Sinne sieht, mit Langeweile verbunden, mit Stillstand, mit Bewegungsunfähigkeit. Ich finde, richtig spannend wird es erst, wenn man Konzepte hat, die in der Mitte gar keinen Platz haben, fortschrittliche Konzepte, Visionen, Utopien.«

(Der Spiegel vom 16. Mai 1988)

»Euphorie streift sich schnell ab. Reale Utopie ist eine viel wichtigere Antriebsfeder.« *(Stern vom 20. Oktober 1988)*

... Macht, Politik und die SPD

»Eine Millionenpartei kann doch nicht von einer Person zusammengehalten werden. Die SPD kommt nur dann wieder auf die Beine, wenn alle begreifen, es kommt auf sie an. Ich glaube, daß man tiefe Krisen braucht, tiefe Einschnitte in Wahlergebnisse, um zu erkennen, was nötig ist. Ich verstehe unter einem Parteivorsitzenden keinen zentralen Befehlshaber. Wir müssen eben föderative Strukturen auch in der SPD entwickeln. Bisher haben wir ja die Zentralisierung von Funktionen. Das geht oft auf Kosten einer regeren Basis.«

(Die Tageszeitung vom 19. Februar 1991)

»Es hat ja etwas Gutes, wenn man Skrupel hat beim Umgang mit der Macht.« *(Bild am Sonntag vom 29. April 1990)*

»Es ist mein sehr verfestigter Eindruck, daß sich Politik heute sehr viel mehr herausnimmt, als sie eigentlich dürfte, mehr auf ihre Schultern lädt, als ihr eigentlich guttut.«

(Welt am Sonntag vom 12. März 1990)

Zwei Freunde
Björn Engholm in einem Gespräch mit seinem Freund und prominentesten Wahlkämpfer Günther Grass während der Wahlparty am Sonntagabend, dem 13. September 1987, in Kiel. (AP)

»Mit dem Links-Rechts-Schema kann ich nichts anfangen. Wenn es um Verteilungsgerechtigkeit geht, bin ich erheblich links von der Mitte. Wenn es um die Umwelt geht, bin ich sehr fortschrittlich und vielleicht deshalb auch eher links.

Ich habe von drei großen Sozialdemokraten gelernt. Willy Brandt hat mich gelehrt, daß Schleswig-Holstein und die Bundesrepublik nicht der Nabel der Welt sind. Von Helmut Schmidt habe ich straffes Führen, Entscheiden, geradliniges Denken auch in schwierigen Zeiten gelernt. (...)

Gelernt habe ich auch von Herbert Wehner, der (...) mir früh die Augen dafür geöffnet hatte, wie wichtig es für meine Partei ist, für den politischen Nachwuchs zu sorgen.«

(Bunte vom 27. Dezember 1990)

»Ich will Integration, lehne niemanden ab. Aber ich lasse keine Flügelpartei zu, sonst stürzt die SPD wie Ikarus ab. (...) Mich irritiert die relativ große Zurückhaltung der jüngeren Wähler gegenüber der SPD.« *(Die Welt vom 12. Dezember 1990)*

»Es gibt konservative Sozialdemokraten, die ich nie einstellen würde.« *(Der Spiegel vom 27. Dezember 1989)*

»Sozialdemokraten und Gewerkschafter, die sich zur demokratischen Linken zählen, können nur sagen, Gewalt scheidet für sie in jeder Situation aus. Und Gewalt beginnt in dem Augenblick, wo gerempelt und mit Ellenbogen gestoßen wird.« *(Die Welt vom 21. Januar 1986)*

»Ich warne davor, Kohl zu unterschätzen.«

(Bunte vom 27. Dezember 1990)

»Auch bei sehr konträren Aufgaben und Meinungen müssen Politiker sich gegenseitig respektieren - das hat Politik bei uns weitgehend vergessen, da beginnt die organisierte Lieblosigkeit, da wird Compassion zur Worthülse.«

(Welt am Sonntag vom 12. März 1989)

»Die Politik ist so verwerflich oder nicht, wie es die Menschen sind, die Politik betreiben. (...) Die politische Landschaft ist ärmer, wenn in ihr eines Tages nur noch so Typen wie ich agieren, die alle von den gleichen Universitäten kommen.«

(Welt am Sonntag vom 12. März 1989)

»Es ist zunehmend nicht mehr wichtig, was ein Politiker tut und sagt, sondern wo und wie er es sagt. Wichtig ist nicht

Gourmet

Sein Ruf als Hobbykoch eilt ihm voraus. Und neben der französischen Küche liebt er den schleswig-holsteinischen Eintopf am meisten. (dpa)

mehr, was eine bestimmte Politik bewirkt, sondern wie sie ›ankommt‹.« *(Frankfurter Rundschau vom 25. November 1988)*

»Die Politik degradiert die Bürger zu Zaungästen.«
(Frankfurter Rundschau vom 25. November 1988)

»Ich habe eine tiefe Abneigung gegen diese permanente Besserwisserei, die es übrigens bei Christdemokraten viel stärker gibt als bei uns.« *(Der Spiegel vom 16. Mai 1988)*

»In der Mitte treten sich die politischen Lemminge bereits gegenseitig tot.« *(Frankfurter Rundschau vom 27. April 1987)*

... EINE KARRIERE IN BONN

»Die Doppelbelastung ist ein Fakt, ebenso wie die Entfernung von Kiel nach Bonn. Aber ich habe gesagt: Wat mutt, dat mutt.« *(Vorwärts vom 2. Januar 1991)*

»Am Ende stand die Einsicht: Die SPD hat bisher ihr Bestes für dich gegeben, jetzt gibst du ihr ein Bestes.«
(Bunte vom 27. Dezember 1990)

»Es sollte im Zeitalter der Verkabelung möglich sein, Entfernungen zu überwinden, also sozusagen in Kiel und in Bonn präsent zu sein.« *(Abendzeitung vom 15. Dezember 1990)*

»Ich bin eigentlich nicht die beste Wahl und möchte kein Kanzlerkandidat werden.« *(Stern vom 13. Dezember 1990)*

»Ich habe nie Superstargelüste gehabt. (...) Ich werde meinen politischen Lebensabend hier in Schleswig-Holstein verbringen und nicht den Karrierepfad nach Bonn beschreiten. Da gibt es Berufenere.

(...) Ich bin kein Soldat, ich bin auch kein Marschierer. Ich habe immer versucht, eigene Wege zu gehen. Die Karrierewege nach Bonn sind Trampelpfade. Ich habe lange genug in Bonn verbracht. Ich komme schon mit dem Klima dort nicht zurecht.« *(Der Spiegel vom 16. Mai 1988)*

LUDGER FERTMANN

VON ÖFFENTLICHEM GEBRAUCH

Über Björn Engholms ersten Versuch als Sachbuchautor – eine Rezension

1989 wurde das Land Schleswig-Holstein einige sonnige Sommertage lang vom Balkon einer großzügigen Lübecker Altbauwohnung regiert. Dort, in der Jürgen-Wullenwever-Straße 9, bereitete sich der Ministerpräsident des Landes auf einen Seitensprung vor: Björn Engholm schrieb sein erstes Buch. Seither ist »Vom öffentlichen Gebrauch der Vernunft« für 34.- DM käuflich zu erwerben.

Ehe Engholm sich allerdings ans Schreiben machte, las er – vorzugsweise eigene – ältere und alte Reden. Und schon das Inhaltsverzeichnis des Buches liest sich folgerichtig wie ein Katalog der bekannten Lieblingsthemen des Politikers Engholm. Von der Medienpolitik, über die Politikersprache, vom unehrlichen Omnipotenzbewußtsein der Politik, über die neue Kontaktkultur, über Orientierungspunkte sozialökologischer Wirtschaftspolitik, zur Bildungspolitik und zur Gleichstellung. Nicht unbedingt die Knackpunkte deutscher Politik, sondern die Berührungspunkte deutscher Politik mit Engholms kulturdurchdrungenem Politikverständnis dominieren.

Kokett, wie er nun mal gern ist, bittet Engholm gleich im Vorwort um »Nachsicht« für noch ein Politikerbuch. Er habe keinen Rechenschaftsbericht schreiben wollen, keine Abrechnung mit der politischen Konkurrenz und auch keine »Handlungsanleitung« für linke Politik. »Einfach« ein Sachbuch über Politik habe er verfaßt, Erfahrungen verarbeitet aus langjähriger politischer Praxis.

»Lust und Mut« will Engholm machen zu eigenem Engagement, vor allem zum öffentlichen Gebrauch der Vernunft. Aber der Autor, der seinen Lesern gleich im Vorwort Imma-

Enkel und Hoffnungsträger
Björn Engholm nach der Wahl zum Ministerpräsidenten inmitten der SPD-Führungsspitze: Jochen Vogel, Oskar Lafontaine und Johannes Rau (v.l.n.r.). (dpa)

nuel Kant mit dem philosophischen Ausspruch um die Ohren haut, die Freiheit des Souveräns bestehe in der Demokratie vor allem darin, sich des »eigenen Verstandes zu bedienen«, bedient sich in der Folge gleich doppelt und ungeniert bei Dritten. Wer Engholms politischen Werdegang der vergangenen 20 Jahre kennt, dem gelingt es unschwer, weite Teile des Buches inhaltlich seinen jeweiligen Redenschreibern und anderen Mitarbeitern zuzuordnen.

Und wo es um die Übergänge geht, die Einbindung jüngerer Aktualität, ums Fazit von und die Konsequenzen aus dem zuvor beschriebenen und beklagten Ungemach unserer Tage, da schwingt sich der Autor wie ein Tarzan des Sprachdschungels von Zitat zu Zitat. Was die Schleswig-Holsteiner, so sie zugehört haben, aus Engholms Reden bereits sattsam kennen, den Rückzug des analysierenden Politikers auf Zitate, wo doch eigene Festlegungen gefragt wären, das begegnet dem Leser schriftlich in geballter Form.

Ob es nun der bereits erwähnte Kant ist oder Bop Hope, Walter Jens, Hans Magnus Enzensberger, Theodor W. Adorno, Aristoteles, Karl Kraus, Friederike Kempner, Fritz Raddatz oder Rolf Hochhuth, problemlos bringt es der Autor Engholm pro Seite auf bis zu vier hochrangige (Zeit-)Zeugen für seine Ansichten. Es ist, als müsse da einer beweisen, was er schon alles gelesen, behalten und verstanden hat. Wer allerdings wie Engholm George Orwell zitiert - »Wenn Freiheit überhaupt etwas bedeutet, dann das Recht, den Menschen zu sagen, was sie nicht hören wollen« -, der provoziert die Gegenfrage, warum er Wahrheiten anderswo abschreibt, statt eigene zu suchen und anschließend zu formulieren.

Kurze Abschweifung: Im Jahr 1990 schrieb Engholm nicht nur ein Buch, er machte auch bei einem Spiel mit. Auf Bitten einer Hamburger Illustrierten empfing er zwei Headhunter, um sich für andere als politische Führungsaufgaben testen zu lassen. Das Ergebnis: Als Chefredakteur einer mittleren Tageszeitung zu empfehlen. Die Headhunter aber äußerten noch eine weitere Einschätzung: Ausgerechnet dem intellektuellen Aushängeschild der SPD testierten sie fehlende Intellektualität, ausgeglichen durch gesunden und pragmatischen Behauptungswillen. Dieses Urteil allerdings muß nicht viel besagen. Die Headhunter ließen sich von dem ausgeprägten Morgenmuffel Engholm auch aufbinden, er sei regelmäßiger Frühsportler.

Zurück zur Vernunft in Buchform: Der erfahrungsgemäß nicht eben kleinen Käufergruppe, die sich mehr für die Person hinter einem Politkerbuch als für die Inhalte interessiert, gab Engholm wenig nach. Der berühmte Schluck zuviel in der heimischen Lübecker Lieblingspizzeria, die hilfreiche Wirkung von Kaffee, das seltene Frühstück in der Familie, die mit der Ehefrau geteilte Abneigung gegen das Bügeln, die regelmäßig mit der Fahrt zur Reinigung endet, all das sind eher beiläufig gesetzte Fußnoten. Sogar die Koketterie mit der Last des Amtes und der daran gemessenen, »eigentlich« unzureichenden Entlohnung eines Ministerpräsidenten bleibt hinter den Erwartungen zurück.

Das Buch, für das ausdrücklich mit dem Hinweis geworben

Jungautor
Björn Engholm handelt sich für sein Buch »Vom öffentlichen Gebrauch der Vernunft« nur mäßige Kritiken ein. (Keystone)

wurde, es sei das Erstlingswerk des Autors, läßt Raum für autobiographische Nachfolgetaten.

Wenn Engholm sich über Politiker amüsiert, die wegen der erhofften Medienwirkung Männchen machen, vergißt er den eigenen fototauglichen Auftritt am geborstenen Nordsee-Deich nicht. Indem er über den Einzelfall hinausgehende Gründe für einen Politikskandal durch die ständige Versuchung handelnder Politiker anbietet, klammmert er das Reizthema der Barschel-Affäre nicht aus. Er erliegt aber auch nicht der Versuchung, ein Barschel-Buch zu schreiben.

Vom versprochenen öffentlichen Gebrauch der Vernunft bietet das Buch allerdings nur wenig. Sprachverliebt bis zur Selbstüberschätzung, unternimmt Engholm stattdessen den überflüssigen Versuch, am eigenen Beispiel ein weiteres Mal die enger gewordenen Spielräume der Politik zu beklagen. Dies allerdings, der Mann schaut schon genau hin, gelingt ihm immer dann ebenso amüsant wie eindringlich, wenn der Autor die schleswig-holsteinischen Niederungen alltäglich erlebter Ansprüche von Medien, Bürgern und Bürokraten an einen handelnden Politiker mit den Herausforderungen abgleicht, denen sich Politik stellen muß, die auch noch das Jahr 2010 in die Verantwortungsrechnung einbezieht.

Langweilig bis peinlich wird das Buch immer dann, wenn der Politiker Engholm sattsam Bekanntes wiederkäut, indem er etwa den Einfluß der Konservativen auf die Medien beklagt. Was ihn nicht hindert, am Ende die Relativität der Klageberechtigung selbst festzustellen: Die SPD - ätsch - gewinnt dennoch zuweilen Wahlen. Eine weitere Plattheit, von der man nicht annehmen sollte, daß ein Autor sie 1990 als eigene Weisheit festschreibt: »Die Bewältigung der Umweltprobleme wird zu einem internationalen Anliegen, das Kooperation mit anderen Staaten unseres Erdballs erfordert. Mit Sicherheit wird Deutschland, als eines der reichsten Länder der Erde, sich materiell und ideell stärker engagieren müssen als viele andere.«

Wie der öffentliche Gebrauch der Politik nun konkret aus-

Er geht nach oben
Der SPD-Parteivorsitzende Jochen Vogel mit seinem Nachfolger Björn Engholm bei einem Spaziergang (1990). (dpa)

sieht? In den Schlußpassagen seines Buches träumt der Autor von der Überwindung der Wert- und Identitätskrise und davon, »die unterschiedlichen und jeweils für sich begründbaren Wertorientierungen und Zielvorstellungen in einem qualitativ neuen, höherwertigen Konsens zusammenzuführen«. Vor allem Sozialdemokraten sind gut beraten, genau nachzulesen: Für Engholms Mustervorstellungen neuer Problemlösungen dürfte nun die Partei das Testfeld werden.

Bleibt abzuwarten, ob Engholms Geniestreich einer grenzenlosen Ausweitung des Kulturbegriffs und Vereinnahmung der ganzen Welt ankommt. Seine Schlußbotschaft: Produktive Hoffnungen unzähliger Menschen, kollektive Anstrengungen und der Elan, das »Noch-Nicht-Mögliche zu erstreben«.

Wenn es darum geht, diese Botschaft unters Volk zu bringen, ist Björn Engholm nicht zimperlich: Einem Polizeibeamten, von einem Messerstecher schwer verletzt, schickte Engholm, garniert mit Genesungswünschen, im März 1991 sein Buch ins Krankenhaus. Die Widmung allerdings war wieder ein Zitat. Erich Fried: »Fürchte nicht die, die Zweifel haben, aber zweifle an denen, die keine Furcht haben.«

Lebenslauf

9. November 1939	Kurz nach Kriegsende wird Björn Engholm in Lübeck geboren und wächst mit einer Schwester bei den Eltern auf.
1955	Nach dem Tod des Vaters bleibt der Familie eine bescheidene Rente zum Leben.
bis 1959	Besuch des Johanneums (Gymnasium in Lübeck).
1959 bis 1962	Björn Engholm, »längst ein Anhänger des Musischen« absolviert eine Schriftsetzerlehre bei einer Lübecker Druckerei. Mit Beginn der Lehre: Eintritt in die IG Druck und Papier.
1962	Obwohl er bereits eine Hospitanz bei den Jungdemokraten gemacht hatte, tritt er der SPD bei und zählt sofort zum linken Flügel der Lübecker Jusos.
1962 bis 1964	Über die IG Druck und Papier entdeckt er den Weg der Weiterbildung und besucht die Akademie für Wirtschaft und Politik in Hamburg.
1964	Heirat mit seiner Frau Barbara.
1964 bis 1969	Nach dem Abschluß der Hamburger Akademie nimmt er das Studium der Politik, Volkswirtschaft und Soziologie an der Uni Hamburg auf. Gleichzeitig nimmt seine politische Karriere erste Konturen an.
1965	Engholm wird Vorsitzender der Lübecker Jungsozialisten (bis 1969). Auch privat tut sich was. Zwei Töchter werden geboren: Kerstin 1966 und Britt drei Jahre später.
1969	Engholm übernimmt auf Drängen seiner politischen Freunde die Spitzenkandida-

	tur für die kommende Bundestagswahl im Wahlkreis elf (Lübeck). Tatsächlich schafft er den Einzug in den Bundestag. Bis 1982 Bundestagsabgeordneter, jeweils durch Direktmandat.
Januar 1977	Herbert Wehner ernennt Engholm zum Berufsbildungssprecher seiner Fraktion.
Mai 1977 bis Januar 1981	Engholm wird Parlamentarischer Staatssekretär im Bundesministerium für Bildung und Wissenschaft.
Januar 1981 bis 1. Okt. 1982	Nach dem Wechsel Jürgen Schmudes, dem bisherigen Bundesminister für Bildung und Wissenschaft, ins Justizministerium, übernimmt Engholm das Amt des Bildungsministers.
17. September bis 1. Okt. 1982	Während der Wende ist Engholm in Personalunion auch Landwirtschaftsminister.
Seit März 1982	Offizieller SPD-Spitzenkandidat für die Landtagswahl in Schleswig-Holstein.
März 1983	Landtagswahl in Schleswig-Holstein. Obwohl die SPD mit Björn Engholm an der Sitze ihr bisher bestes Wahlergebnis erzielt (43,7 Prozent), unterliegt sie der CDU (49 Prozent). Neuer Ministerpräsident wird Uwe Barschel.
1983 bis 1987	Nach der Wahlniederlage bleibt Engholm in Schleswig-Holstein, wird Vorsitzender der SPD-Fraktion und Oppositionsführer im Kieler Landtag.
Herbst 1987	Kurz vor der Landtagswahl vom 13. September kommt die Barschel/Pfeiffer-Affäre ins Rollen. Die Wahl erzeugt ein Patt, Neuwahlen werden nötig. Uwe Barschel wird am 12. Oktober tot aufgefunden.

31. Mai 1988	Die Neuwahlen bringen Engholm als strahlenden Sieger hervor. Mit 54,8 Prozent der abgegebenen Stimmen erreicht die SPD die absolute Mehrheit, die CDU fällt mit 33,3 Prozent in den Keller. Engholm wird zum Ministerpräsident von Schleswig-Holstein ernannt.
18. März 1991	Björn Engholm kündigt seine ersten Personalentscheidungen als künftiger SPD-Vorsitzender an. Der leitende IG-Metall-Funktionär Karlheinz Blessung wird neuer Bundesgeschäftsführer und löst damit Anke Fuchs ab. Das Arbeitskonzept »Die SPD in den 90er Jahren« soll dazu beitragen, die SPD in naher Zukunft wieder mehrheitsfähig zu machen.
Mai 1991	Engholm wird Parteivorsitzender der SPD.

HEYNE SACHBUCH

HEYNE BÜCHER

Wissenswertes und Faszinierendes über Personen unserer Zeitgeschichte

12/197

19/87

19/505

19/500

19/501

19/45

12/204

19/135

Wilhelm Heyne Verlag München